Le petit mercure

Collection créée par Colline Faure-Poirée
Suivi éditorial par Jean-Michel Décimo

Le goût du théâtre

Textes choisis et présentés
par Sandrine Fillipetti

Mercure de France

ISBN 978-2-7152-2880-1

SOMMAIRE

LE THÉÂTRE PAR LUI-MÊME

LE THÉÂTRE ET LES ÉCRIVAINS

LE THÉÂTRE ET SES BATAILLES

LE THÉÂTRE ET SON PUBLIC

INTRODUCTION

Du théâtre antique à la scène post-brechtienne, de la structure classique au dérèglement du temps et de l'espace, du règne de la littérature à la dévalorisation du texte, de l'exagération déclamatoire à la théorie du « revivre », de la remise en question des formes traditionnelles au développement du langage matériel de la scène, du poétique au politique, l'histoire du théâtre est constituée de réflexions nouvelles, de manifestes, de scandales et de révolutions. En d'autres termes, elle ne repose pas sur une communauté de doctrines bien unifiées, au point qu'au fil des siècles la définition du théâtre comme art de la *mimésis* est devenue moins évidente. Si la pratique théâtrale ne cesse de se remettre en cause et de se réinventer, si ses marges ne sont ni nettes ni rigoureusement tranchées, un certain nombre d'éléments résiste au renouvellement des us et des codifications, comme au métissage des différents arts de la scène : l'évidence du théâtre, son exigence de plaisir, son émotion. De Molière à Bertolt Brecht, de Luigi Pirandello à Samuel Beckett en passant par Jacques Copeau, Jean Vilar ou Jean-Louis Barrault, c'est l'expression d'une époustouflante puissance créatrice qui prédomine. Que le théâtre soit envisagé dans sa matière textuelle, comme une sorte d'appendice de la littérature, ou en plaçant le langage scénique au-dessus du dialogue. Qu'il se définisse ou non dans le corps de l'acteur. Qu'il problématise ou non la transformation de la réalité qui l'entoure. Lieu de la représentation de l'homme et de la nature humaine, mais également lieu privilégié de la communication, il apporte une contribution de valeur à l'étude des problématiques – morales, sociales, politiques, métaphysiques, artistiques – de son temps. Si ses partis pris, son caractère provocateur ou sa puissance d'évocation ont parfois agi comme autant de déflagrations qui lui ont valu d'être la cible de violentes attaques, c'est bien qu'il parvient à éveiller un écho dans la conscience des spectateurs. Les réactions, imprévisibles, sont collectives. Art vivant de l'instant présent, le théâtre, comme la parole, n'appartient à personne : il doit être partagé, rompu.

Il ne s'agit toutefois pas ici de repenser le théâtre, d'en faire le bilan ou d'en décrypter toute la complexité. Ni inventaire dramaturgique ni recueil de théories esthétiques, cette anthologie se propose, sans prétendre à l'exhaustivité, de donner à déguster la substantifique moelle du grand jeu théâtral, tel qu'il a été défini par Bernard Dort dans *Théâtres* : « Une série d'échanges entre un texte et un spectacle, entre des comédiens et un metteur en scène, entre une scène et une salle, entre un théâtre et une société. » Évoquer la mémoire du théâtre et la rendre suggestive à travers les écrits de quelques-uns de ses génies les plus féconds, dramaturges, metteurs en scène, comédiens ou philosophes, et rendre hommage à des œuvres tout aussi emblématiques qu'audacieuses, telle est donc l'ambition de cet ouvrage. Car comme l'écrivait Eugène Ionesco (in *Notes et contre-notes*) : « Le théâtre est un des arts les plus anciens. Je pense tout de même que l'on ne peut s'en passer. On ne peut pas ne pas céder au désir de faire apparaître sur une scène des personnages vivants, à la fois réels et inventés. On ne peut pas résister à ce besoin de les faire parler, vivre devant nous. Incarner les phantasmes, donner la vie, c'est une aventure prodigieuse, irremplaçable [...]. »

Sandrine FILLIPETTI

LE THÉÂTRE PAR LUI-MÊME

SARAH BERNHARDT

Premier aperçu du théâtre

Tragédienne hors pair, personnalité tout aussi tumultueuse – elle a été deux fois démissionnaire, non sans fracas, de la Comédie-Française – que légendaire, mais également dramaturge, Sarah Bernhardt (1844-1923), portée en triomphe par le public tout au long de sa carrière, s'est notamment illustrée dans L'Aiglon *(Edmond Rostand),* Ruy Blas *(Victor Hugo),* Phèdre *(Racine) et* La Dame aux Camélias *(Alexandre Dumas fils). Ses mémoires sont un témoignage inestimable sur son expérience théâtrale.*

« On va la conduire au théâtre. »

Je ne sais quelle part mon oncle avait prise à ce burlesque projet, mais je doute qu'il fût de son goût.

Néanmoins j'étais contente d'aller au théâtre. Je me sentais plus importante. Je m'étais levée enfant, et en quelques heures, les événements me rendaient jeune fille.

On avait discuté à propos de moi. J'avais pu exprimer ma volonté, sans résultat, c'est vrai; mais je l'avais quand même exprimée.

Et enfin, on sentait le besoin de me choyer, de me gâter pour gagner mon adhésion. On ne pouvait pas me forcer à vouloir ce qu'on voulait; il fallait mon consentement. Et je me sentais si joyeuse, si orgueilleuse de cela, que j'en étais attendrie et presque décidée à le donner.

Mais, je me disais que tout de même je me ferais prier.

Après le dîner, on s'entassa dans un fiacre : maman, mon parrain, Mlle de Brabender et moi.

Mon parrain m'avait fait cadeau de douze paires de gants blancs.

Montant le péristyle du Théâtre-Français, je marchai sur la robe d'une dame qui se retourna en m'appelant « petite sotte ». Je me reculai vivement en arrière et rencontrai le ventre énorme d'un vieux monsieur qui me repoussa brutalement.

Une fois installés tous dans la loge de face : moi au premier rang avec maman, Mlle de Brabender derrière moi, je me sentis plus rassurée.

J'étais collée contre la paroi de la loge, et je sentais les genoux pointus de Mlle de Brabender dans le velours de ma chaise, ce qui me donnait confiance. J'appuyais mon dos contre le dossier pour mieux sentir l'étreinte de ses deux genoux.

Quand le rideau se leva, lentement, je crus que j'allais m'évanouir. C'était en effet le rideau de ma vie qui se levait.

Ces colonnes, – on jouait *Britannicus*, – seront mes palais. Ces frises d'air seront mes ciels. Et ces planches devaient fléchir sous mon poids frêle.

Je n'entendis rien de *Britannicus*. J'étais loin, loin, à Grand-Champs, dans mon dortoir.

Quand le rideau fut tombé : « Eh bien, qu'est-ce que tu dis ? » exclama mon parrain. Je ne répondis pas. D'un tour de main il me tourna la tête. Je pleurais des larmes lourdes, lentes à rouler sur ma joue, de ces larmes sans sanglots, sans espoir d'être jamais taries. Mon parrain haussa les épaules et sortit de la loge en faisant claquer la porte.

Maman, impatientée, lorgnait la salle. Mlle de Brabender me passa son mouchoir ; le mien était tombé, je n'osais le ramasser.

Le rideau s'était levé sur la seconde pièce : *Amphytrion*. Je fis un effort pour écouter, afin de plaire à mon institutrice, si douce, si conciliante.

Je ne me souviens plus que d'une chose : C'est que je trouvais Alcmène si malheureuse que j'éclatai en sanglots bruyants, et que la salle, très amusée, regardait dans notre loge.

Ma mère, irritée, m'emmena avec Mlle de Brabender, laissant mon parrain furieux, grommelant : « Qu'on la fiche au couvent ! Et qu'elle y reste ! Bon Dieu de bois ! quelle idiote, que cette enfant ! »

Tel fut le début de ma carrière artistique.

Ma double vie : mémoires

CONSTANTIN STANISLAVSKI

Avant la représentation

Acteur, metteur en scène et pédagogue russe, Constantin Stanislavski (1863-1938) a créé en 1898 le Théâtre d'Art de Moscou avec Vladimir Nemirovitch-Dantchenko, puis le Théâtre-Studio en 1905, dont il a confié la direction à Vsevolod Meyerhold. La Formation de l'acteur, *ouvrage dans lequel il reconsidère l'art du comédien, a considérablement marqué le monde du théâtre.*

« Avant la représentation, la plupart des acteurs enfilent leur costume et se maquillent soigneusement pour ressembler le plus possible à leur personnage. Mais ils oublient le plus important : la préparation intérieure. Pourquoi consacrer tant de soins à l'apparence extérieure ? Pourquoi ne pas habiller et maquiller plutôt son âme ?

« Au lieu de se précipiter dans sa loge au dernier moment, l'acteur (surtout s'il a un rôle important) devrait arriver au théâtre deux heures avant son entrée en scène pour se préparer. Le sculpteur pétrit son argile avant de se mettre au travail. Le chanteur exerce sa voix avant le concert. Nous devons faire la même chose : accorder notre instrument intérieur, en vérifier toutes les touches...

« Vous connaissez bien cet exercice : vous commencez par vous relaxer. Puis vous choisissez un objet. Ce tableau... Que représente-t-il ? Sa forme ? Sa couleur ? Prenez un objet plus éloigné. Puis un très proche. Choisissez un objet physique. Justifiez-le. Ajoutez-y une, puis plusieurs suppositions imaginaires. Il faut que votre action soit si vraisemblable que vous y croyiez. Imaginez diverses circonstances dans lesquelles vous puissiez vous placer. Continuez ainsi jusqu'à ce que vous ayez amené tous vos « facteurs » en jeu, puis choisissez-en un parmi eux, n'importe lequel. Prenez celui qui vous plaît le mieux. Si vous parvenez à le faire jouer d'une manière concrète (pas de généralités !), il entraînera à sa suite tous les autres.

« Il faut prendre un soin tout particulier, chaque fois que nous devons entreprendre un travail de création, pour préparer les divers éléments dont se composera notre véritable état créateur.

« L'homme est ainsi fait qu'il a besoin de tous ses organes et de tous ses membres pour vivre normalement. Pourquoi ne pas croire qu'il en est de même de notre nature intérieure ? L'artificiel, sous toutes ses formes, ne lui convient pas mieux qu'un œil de verre ou une jambe de bois. [...]

« Ce qu'il faut, c'est se demander : suis-je sûr de mon attitude à tel ou tel passage ? Est-ce que je sens réellement cette action ? Puis-je changer ou ajuster quelque chose à tel ou tel détail imaginaire ? Tous ces exercices de préparation servent à vérifier votre appareil d'expression.

« À moins que votre rôle ait atteint un certain degré de perfection, cette préparation sera difficile à réaliser et nécessitera du temps et de l'attention, mais elle est indispensable. De plus, l'acteur doit constamment s'exercer à faire naître en lui un état créateur vrai, qu'il soit en scène, pendant les répétitions, ou chez lui. Tant que son rôle ne sera pas bien défini, cet état sera instable et plus tard également, lorsqu'il sera rabâché, il perdra de sa précision.

« Ces oscillations perpétuelles rendent nécessaire la présence, en nous-mêmes, d'un « observateur » pour nous guider. Lorsque vous aurez plus d'expérience, vous découvrirez que son rôle est en grande partie automatique.

« Imaginez qu'un acteur soit en parfaite possession de toutes ses facultés, sur scène. Il a une telle maîtrise de son état intérieur qu'il peut en séparer les divers éléments sans sortir de son rôle. Ils fonctionnent tous normalement en s'aidant mutuellement. Mais qu'un léger désaccord apparaisse, et il pourra immédiatement rechercher l'élément défectueux et rétablir l'équilibre, tout en continuant à jouer avec aisance et à s'observer.

« Salvini disait : "L'acteur vit, pleure et rit sur la scène, cependant qu'il observe ses propres larmes et ses sourires. C'est cette double fonction, cet équilibre entre la vie et le jeu, qui fait son art." »

La Formation de l'acteur,
traduit de l'anglais par Élisabeth Janvier

JACQUES COPEAU

Immortalité de Molière

Acteur et écrivain, Jacques Copeau (1879-1949) collabora à la création de La Nouvelle Revue française *en 1908 et fonda, cinq ans plus tard, le théâtre du Vieux-Colombier pour contrer le théâtre mercantile. Après la Première Guerre mondiale, ce rénovateur du théâtre français fut à l'origine de l'École dramatique du Vieux-Colombier, dispensant une formation totale où la discipline collective d'exercices techniques était conjuguée à des cours de culture générale et au travail des répétitions.*

La plus belle éternité, c'est celle d'une voix qui, trois cents ans passés, ne cesse pas de s'adresser directement aux hommes, de leur parler, de les toucher, vivante, articulée, avec toute la force de son intonation, toute la subtilité de ses nuances.

Bien des paroles écrites se sont transmises au cours des âges qui seront recueillies, goûtées, comprises aussi longtemps qu'il y aura des esprits pour s'instruire et penser. Ce n'est pas de la parole que je veux parler ici, du signe abstrait, mais de la voix même, du son humain, du timbre personnel qui désigne l'individu et le fait reconnaître entre mille, qui nous force à nous retourner lorsqu'il retentit derrière nous, dont la privation nous laisse plus seul, dont le retour nous rend la vie et le bonheur, et qui est pour quelque chose dans l'amour.

Il est peu de voix immortelles.

La voix de Molière, depuis trois cents ans, n'a cessé de vivre et de parler. Vous croyez avoir un livre entre les mains. Non pas. C'est un homme qui vient à vous, dans son costume jaune et vert, qui s'incline légèrement pardessus les chandelles, comme sur la gravure, et qui sourit. Ses lèvres bougent. Ce n'est pas seulement ce qu'il dit que vous allez entendre. Vous feuilletez *Le Misanthrope*, *Les Fourberies* ou *Le Malade*. Si ce n'était qu'un livre, il n'aurait pas ce souffle, ni ce rythme, il n'aurait pas ces mouvements qui vous le font bouger entre les doigts. Molière agit et parle. Son corps est là. C'est l'homme de théâtre. C'est le pur créateur dramatique qui attaque son public. L'intrigue, les personnages, la construction des scènes, la forme du dialogue, les mots même ne sont pas toujours à lui. Mais à sa voix, vous l'avez reconnu. C'est son allure et son accent qui nous le font irremplaçable.

J'étais seul hier soir, au Théâtre-Français
Ou presque seul... L'auteur n'avait pas grand succès
Ce n'était que Molière...

Il semble que, depuis le temps de Musset, nous n'ayons pas beaucoup changé. Aujourd'hui comme alors, beaucoup de personnes se détournent de l'affiche avec maussaderie dès qu'elles y voient inscrits *Tartuffe* ou *Les Femmes savantes*. À moins que ce ne soit pour applaudir un acteur en renom ou siffler une débutante de marque, elles n'ont cure d'aller bâiller à ces vieilleries. [...]

Vous qui ne percevez plus le rire de Molière, qui n'êtes plus sensibles à sa beauté, touchés par sa force, vous qui n'entendez plus sa voix, soyez bien convaincus de ceci : c'est que votre oreille est sourde ou que vous ne savez plus écouter. C'est peut-être aussi que vous allez chercher la présence du Maître en des lieux qu'elle a désertés et que vous croyez recueillir son esprit là où il ne souffle plus. Vous le reconnaîtriez sans doute s'il vous apparaissait *en personne* et non sous des formes empruntées. Vous entendriez sa voix s'il arrivait qu'il vous parlât à visage découvert, et non point sous le masque. Débarrassée des affectations qui la défigurent, vous sentiriez venir à vous « *cette simple harmonie* ».

J'admirais cependant cette simple harmonie
Et comme le bon sens fait parler le génie.

Musset parle ainsi. On ne dira pas mieux. Tout y est. « *Cette simple harmonie* »... Définition du chef-d'œuvre. Elle définit la voix de Molière.

La voix de Molière
paru dans les Cahiers de la Compagnie
Madeleine Renaud Jean-Louis Barrault

SACHA GUITRY

Difficiles débuts de comédien

Fils du comédien Lucien Guitry, Sacha Guitry (1885-1957) fut à la fois écrivain, acteur de ses propres pièces et cinéaste. Du Page *(1902) à* Tu m'as sauvé la vie *(1949) en passant par* Faisons un rêve *(1916) et* Désiré *(1927), il composa cent vingt-deux pièces dans lesquelles il cultiva l'art de faire résonner les mots. Il fit ses débuts sur la scène en juin 1905, au Casino de Saint-Valery-en-Caux.*

C'est dans *le Député de Bombignac*, vieille comédie excellente d'Alexandre Bisson, que j'ai donné la mesure de mes capacités.

Alexandre Bisson était bègue. Il lut un jour une pièce à un directeur de théâtre qui ignorait sa petite infirmité. À la fin du premier acte, le directeur, énervé, lui déclara :

– La pièce est drôle, mais tous ces personnages qui bégaient, c'est exaspérant !

Je jouais dans *Bombignac* le rôle du vicomte de Morard. Je devais entrer au milieu du premier acte, annoncé par un valet de pied et accueilli par un « Ah ! » très flatteur des personnages qui se trouvaient en scène. Puis, les ayant salués, je devais dire textuellement ceci : « Vraiment, mesdames, je ne sais comment vous remercier d'un accueil si cordial. Je viens passer trois semaines à Poitiers, chez un vieil oncle à moi, et si ma visite est un peu matinale, c'est que j'avais grand-hâte de revoir Raymond et de lui serrer la main. »

Terrible, interminable réplique d'entrée ! Il n'y a qu'un auteur bègue pour avoir l'idée de donner à dire aux autres une phrase pareille !

D'ailleurs, je ne l'ai pas dite.

Je m'étais collé – Dieu sait pourquoi ! – des moustaches et une petite barbiche. J'avais un pantalon de toile blanche qui avait excessivement rétréci au blanchissage. J'avais égaré un de mes gants – et au moment d'entrer en scène, m'étant aperçu que mes moustaches se décollaient, je les avais vivement retirées – oubliant la barbiche. J'avais l'air d'un garçon de café américain.

– Monsieur le vicomte de Morard !

Et c'est dans cette tenue que j'entrai. Au lieu du « Ah ! » flatteur prévu sur la brochure, c'est par un gloussement que je fus accueilli – un gloussement qui trouva son écho dans la salle. Alors je me suis troublé, je me suis tellement troublé qu'au lieu de dire :

– Vraiment, mesdames…

J'ai dit :

– Vraiment, merdailles !

Courteline, Feydeau, Tristan Bernard – pardon, mes maîtres ! – vous n'avez jamais fait rire autant que j'ai fait rire mes camarades, ce soir-là.

Quant à la fameuse phrase : « Je ne sais comment vous remercier d'un accueil si cordial… », je ne l'ai pas bredouillée, je ne l'ai pas bafouillée, non, j'en ai fait une bouillie, une véritable bouillie. […]

Que se passa-t-il au deuxième acte ? Rien sans doute, puisque je n'en ai pas gardé le souvenir. Mais au troisième acte, le malheur dépassa mes craintes. J'étais en scène, assis. Je devais me lever, courir à la fenêtre, ouvrir cette fenêtre, me pencher au-dehors, puis, m'étant retourné, je devais m'écrier : « Une voiture vient de s'arrêter devant le perron du château ! »

Depuis le début de l'acte, j'avais agréablement surpris le public en donnant plusieurs répliques sans bafouiller. Moi-même j'avais repris confiance. Je constatais dans tous mes gestes une aisance imprévue qui me faisait présager une fin d'acte réparatrice.

Ah ! j'étais loin de me douter de ce qui allait m'arriver. Quand ce fut le moment pour moi d'aller à la fenêtre, de l'ouvrir et de me pencher au-dehors – j'y allai résolument. Hélas ! je ne savais pas que le décor était appliqué au mur – et je donnai violemment de la tête contre ce mur. Renvoyé en arrière, je me pris le pied dans le tapis et m'étalai de tout mon long !

Alors, malgré ou peut-être à cause du mal que je venais de me faire, j'ai voulu être le premier à en rire – et j'en ai ri comme un fou, et aucune puissance humaine n'aurait pu m'empêcher de prendre ainsi la chose. Je ne savais pas ce que j'allais devenir, mais j'étais bien sûr que je ne deviendrais jamais comédien. J'en éprouvai presque une sorte de joie rageuse. Je me sentais délivré d'un immense souci. Je n'allais plus avoir cette crainte constante de ternir l'éclat du nom que je portais !

Cinquante ans d'occupations

LOUIS JOUVET

Le directeur-metteur en scène

Comédien, régisseur, metteur en scène, directeur de théâtre et essayiste, élève de Jacques Copeau, Louis Jouvet (1887-1951) a rejoint le Vieux-Colombier en 1913 et s'est installé au Théâtre de l'Athénée en 1934. Quatrième membre du Cartel aux côtés de Gaston Baty, Charles Dullin et Georges Pitoëff, son influence s'est étendue sur de nombreux courants théâtraux.

Dans la salle déserte, seul au milieu de ce glacier en velours des fauteuils vides, un homme est assis, attentif jusqu'à la crispation, tout sens, tout entendement et toute sensibilité aussi; penché vers la scène où répètent les comédiens, les yeux fixés sur ce trou béant, sans décors et presque sans lumière, où évoluent des gens disparates d'humeur et de vêtements, le sourcil contracté, l'oreille tendue pour écouter un texte encore imprécis dans son émission ou dans sa compréhension, à peine teinté du sentiment où le poète l'a écrit, et presque aussi incolore que les visages, cet homme est le metteur en scène.

Dans les limbes où se préforme le spectacle, dans cette lente organisation où se composent les linéaments de la représentation, où l'œuvre se préfigure, où le ferment dramatique travaille mystérieusement, il surveille, avec patience, avec discernement, avec une singulière tendresse, les nombreux éléments épars qu'il a choisis et rassemblés pour animer l'œuvre de l'auteur, activant les uns ou modérant les autres suivant leur paresse ou leur vivacité, mais les laissant cependant dans une liberté nécessaire à leur vie personnelle et à leurs réactions, pour les acheminer doucement vers une composition dont l'expression définitive n'apparaîtra que dans leur union parfaite devant le public. Ce métier s'exerce par une intuition, une détection, une prémonition spécifiques, une spéciale alchimie dont les éléments de transmutation sont faits de mots, de sons, de gestes, de couleurs, de lignes, d'évolutions, de rythmes et de silences, et aussi de cette impondérable matière dont sont tissus les sentiments qui vont habiller et revêtir l'œuvre de son rire ou de son émotion.

Jardinier des esprits, médecin des sentiments, horloger des paroles, accoucheur de l'inarticulé, ingénieur de l'imagination, cuisinier des propos, régisseur des âmes, roi du théâtre et valet de chambre de la scène, escamoteur ou magicien, essayeur et pierre de touche du public, conférencier, diplomate, économe, nourrice ou chef d'orchestre, peintre et costumier, exégète, intransigeant ou opportuniste, convaincu et hésitant, on a cent fois tenté de le définir, mais il est indéfinissable, car ses fonctions sont indéfinies. Tout amour et toute tendresse pour ceux qu'il a choisis ou pour l'œuvre qu'il travaille, son souci est seulement de voir poindre, en se haussant, cet au-delà miraculeux qui s'exprime par la réussite.

Mettre en scène, c'est vivre dans les affres de l'oppression et les délices de l'angoisse. C'est, dit Paul Valéry, « la tragédie de l'exécution ». [...]

Mettre en scène, c'est gérer les biens spirituels de l'auteur, en tenant compte des nécessités temporelles du théâtre.

C'est se placer du point de vue d'un soir et du point de vue de l'éternité.

C'est étudier comme une formule magique le texte d'une pièce, et pratiquer de concert avec son auteur, la nécromancie. C'est le contraire de la critique : ballottés d'un côté par des lois, des règles, et de l'autre par leur plaisir, ces messieurs de la critique vivent dans le théâtre en essayant d'une main de mesurer ce plaisir à une vieille toise et en visant la pièce de l'autre main, avec une vieille jumelle marine. Mettre en scène, c'est exactement le contraire : c'est chercher constamment des raisons d'admirer et d'aimer.

C'est vivre selon les règles du poète.

Réflexions sur le comédien

BERTOLT BRECHT

L'art dramatique

Poète, dramaturge et metteur en scène allemand, Bertolt Brecht (1898-1956) a été l'assistant de Max Reinhardt et d'Erwin Piscator. Collaborateur des compositeurs Kurt Weill et Hanns Eisler, il fonda en 1949, avec l'actrice Helene Weigel, le Berliner Ensemble où il exprima ses prises de positions théâtrales et politiques, opposées aux procédés et aux valeurs du théâtre traditionnel. Les Écrits sur le théâtre *regroupent ses idées, principes et théories sur l'art dramatique.*

« Les comédiens connaissent toujours de grands succès dans tes pièces. Es-tu, toi, satisfait d'eux ?

– Non.

– Parce qu'ils jouent mal ?

– Non, parce qu'ils jouent faux.

– Comment devraient-ils donc jouer ?

– Pour un public de l'âge scientifique.

– C'est-à-dire ?

– En montrant leur savoir.

– Quel savoir ?

– Leur connaissance des rapports humains. Des attitudes humaines. Des forces humaines.

– Bon, ce sont là des choses qu'ils doivent connaître. Mais comment les montrer ?

– En jouant d'une manière consciente. En décrivant leur personnage.

– Comment font-ils donc maintenant ?

– Ils font appel à la suggestion. Ils se mettent et mettent le public en transes.

– Donne un exemple.

– Ils ont à représenter, disons, une scène d'adieux. Que font-ils ? Ils se plongent dans l'état d'esprit de celui qui fait ses adieux, et ils cherchent à mettre le spectateur dans la même disposition. En fin de compte, et si la séance est réussie, personne ne voit plus rien, n'apprend plus rien ; chacun a au mieux des souvenirs ; bref, chacun éprouve des sentiments.

– Tu décris un processus presque érotique. Mais comment devrait-on représenter la scène ?

– D'une manière purement spirituelle, comme un cérémonial, un rite. Le spectateur et le comédien devraient non pas se rapprocher, mais au contraire s'éloigner l'un de l'autre. Chacun devrait s'éloigner de soi-même. Sinon, c'en est fini de l'effroi nécessaire à la connaissance.

– Tu viens d'employer, il y a un instant, le mot « scientifique ». Tu veux dire que l'amibe ne cherche pas à s'attirer les faveurs de l'homme qui l'observe. Il est impossible de s'identifier à elle. Mais l'homme scientifique se propose de la comprendre. Y parvient-il au moins, pour finir ?

– Je ne sais pas. Il souhaite la mettre en relation avec d'autres choses qu'il a vues.

– Le comédien ne doit donc pas tenter de rendre compréhensible son personnage ?

– Moins le personnage que les événements, peut-être. Je m'explique : quand je vais voir *Richard III*, je n'aspire pas à me sentir un autre Richard III, mais à saisir ce phénomène dans tout ce qu'il présente d'étrange et d'incompréhensible.

– Devons-nous donc voir de la science au théâtre ?

– Non, du théâtre.

– Je vois : comme n'importe quel autre, l'homme de l'âge scientifique a lui aussi son théâtre.

– Oui. Mais aujourd'hui le théâtre ne tient pas compte du fait qu'il a ce type d'homme pour spectateur. Car ce spectateur dépose au vestiaire sa raison en même temps que son manteau. »

Écrits sur le théâtre
Bibliothèque de la Pléiade

JEAN-LOUIS BARRAULT

L'art du jeu

Élève de Charles Dullin, disciple d'Antonin Artaud, Jean-Louis Barrault (1910-1994) entre en 1940 à la Comédie-Française et fonde, en 1946, la Compagnie Renaud-Barrault avec Madeleine Renaud. Par la qualité de son jeu d'acteur et de ses mises en scène, comme par ses collaborations et ses réflexions sur la dramaturgie théâtrale, son apport aux arts de la scène fut considérable.

Je ne sais si cela s'appelle commedia dell'arte avec deux M, ou comédie italienne, ou théâtre d'improvisation, mais il existe pour moi, aujourd'hui plus que jamais, un jeu qui consiste à reproduire la Vie par les seuls moyens du corps humain. Il existe un jeu qui consiste à disposer sur quatre coins, quatre tonneaux par exemple, des planches bien amarrées ; de monter sur ces planches et à l'aide du corps, du souffle, de la voix, du visage et des mains, à recréer le monde entier. Il existe un jeu qui consiste à dresser sur la place publique ces espèces de tréteaux (appelez ça comme vous voulez) et, tout en recréant la vie qui nous entoure, à établir un contact avec les passants qui s'arrêtent. Il existe un jeu qui consiste même à donner chaque soir rendez-vous à ces passants, disons si vous voulez, à ces spectateurs, pour, communiquant avec eux, communiant avec eux, partager avec eux la joie de recréer le monde à l'aide de nos propres moyens personnels.

Alors par ce jeu, appelez ce jeu-là comme vous voudrez, il s'établit entre ces spectateurs et nous une circulation étroite, un échange d'âme et de cœur, une harmonisation du souffle de toutes les poitrines qui nous redonne du courage et ranime la foi que nous avons en la vie. [...]

Les spectateurs, minutieusement rangés comme les torsades d'une pile magnétique, sont prêts à devenir Public. L'acteur, lui, sent pousser en lui son Personnage. Sa vie quotidienne est en train de se fondre, de se désagréger. Tout son corps n'est que craquement sous la poussée viscérale, impitoyable du personnage qui, depuis des années, l'habite. Ce personnage, c'est son double, son frère, son correspondant astral. Ce personnage, c'est Lui-même, c'est-à-dire le prototype de sa propre espèce, c'est lui, poussé ; comme on dit de la fleur de serre qu'elle est poussée. Voilà vingt ans que l'acteur reconstitue ce personnage axial auquel il appartient irrémédiablement, ce personnage c'est son moule. Et c'est le moule aussi de beaucoup d'autres. C'est le comble de sa propre personnalité. Voilà vingt ans que l'acteur lui assouplit les pieds, lui entretient les mollets, lui soigne les articulations, lui surveille la santé. Il en a sculpté les pommettes du visage, buriné le rictus de la bouche, accentué le regard, incliné le port de la tête ; il en a dénoué chaque doigt de la main, il en perçoit chaque battement de cœur. Il le connaît jusqu'à la plus petite parcelle de son souffle.

Il a approfondi minutieusement les rapports qui peuvent exister en toutes circonstances entre ce Personnage qui n'est autre que « Lui-même », et les autres prototypes de l'humanité. Sa mémoire est une véritable encyclopédie de tirades qu'il peut sortir selon les infinies combinaisons des situations dramatiques.

Des pieds à la tête il est donc armé pour vivre n'importe quelle situation.

Il y a trois manières de faire du théâtre, on le sait : « à la broche », « à la souffle », « à la canne », c'est-à-dire : par cœur d'après une brochure, d'emblée en reprenant ce que vous envoie le souffleur, ou bien, comme ici : on joue au canevas.

Si cet acteur peut jouer au canevas, c'est précisément parce que pour son personnage il a *tout prévu*. Quelle que soit la situation, il a du répondant.

Ce n'est que lorsqu'on sait se servir parfaitement de ses mains, de ses pieds, de son corps, de son cœur, de ses sentiments, de sa tête ; ce n'est que lorsqu'on est à ce point armé pour vivre n'importe quelle situation que l'on peut parler *d'im-pro-vi-sa-tion*.

La commedia dell'arte est le jeu de *l'acteur complet* ; c'est aussi le genre de théâtre qui porte l'acteur au comble de sa *propre personnalité* ; c'est encore l'art qui prouve que la liberté ne se trouve qu'au-delà de la science et non en deçà. Un ignorant ne peut pas improviser longtemps avec efficacité. Seul le savant peut inventer un mot nouveau : Homère – Dante – Claudel.

Enfin la commedia dell'arte, art même du théâtre et de l'acteur, a dans l'art la position philosophique la plus sage. Elle rétablit l'équilibre de la vie en dénonçant l'absurdité même de la Vie.

La commedia dell'arte
texte écrit en préface au livre de M. Duchartre,
La Commedia Dell'Arte
D.R.

JEAN VILAR

Faut-il tuer le metteur en scène ?

Après avoir débuté en tant que régisseur à l'Atelier de Charles Dullin, Jean Vilar (1912-1971) fut acteur, metteur en scène, fondateur du Festival d'Avignon en 1947 et directeur du Théâtre national populaire (T.N.P.) à partir de 1951. Sa rigueur intellectuelle, son souci de ne jamais rompre l'équilibre entre les différents éléments du spectacle et de ne pas séparer le théâtre d'une politique d'ensemble, lui ont permis de dominer la scène française de l'après-guerre.

L'ÉMINENCE GRISE. SON MONOLOGUE INTÉRIEUR

Ce monologue exprime des devoirs. Il exprime des respects à l'égard de la pensée d'autrui. Il est comme le fruit à la fois savoureux et aigre de la greffe de deux fonctions : celle de l'auteur, celle du metteur en scène. Car :

Le metteur en scène n'est pas un être libre. L'œuvre qu'il va jouer ou faire jouer est la création d'autrui. Il met au monde les enfants des autres. Il est un maître-accoucheur. Il remplit une fonction éternelle et secondaire à la fois. Il est enchaîné à un texte vis-à-vis duquel il discerne toutes les libertés. Mais ses idées et ses aspirations sont tributaires de celles d'un autre.

Il réfléchit, il s'exalte, il crie « eurékâ » mais le monologue intérieur lui dicte :

qu'il prend certainement trop de libertés vis-à-vis de l'œuvre ;

que *l'autre* – je veux dire l'auteur – n'a certainement pas pensé à *cet* effet ; que telle idée extraordinaire est du « plus pur théâtre », certes, mais que l'autre – je veux dire l'auteur – n'avait pas prévu à cet endroit un relief scénique, qu'il modifie ainsi l'économie de l'œuvre ;

que cette prose est de la prose et non pas un motif à « gags » et à « suspense » ;

et qu'enfin la pièce fut d'abord écrite et non pas *agie* ;

« et qu'il serait bon, par conséquent, que tu t'en tiennes à *plus de respect* et à moins d'art (ou d'artifice) ».

Qu'on le veuille ou non, du fait même que l'auteur dramatique a besoin d'autrui pour faire représenter sa pièce, il y a là existence de deux volontés. Il y a disharmonie du fait même que l'œuvre représentée est le produit de deux imaginations. On est en droit de s'étonner que certains commentateurs aient daubé si aisément sur le metteur en scène. Que peut cet ouvrier contre un état de fait aussi évident ? Il doit ou prendre en charge, du premier au dernier mot, le texte qu'on lui propose et *créer* selon sa propre imagination, ou se démettre.

FAUT-IL LES TUER ?

Et c'est ici que se pose, à mon avis tout au moins, le problème policier du théâtre contemporain : *Le metteur en scène est-il, oui ou non, un bonhomme à assassiner ? la mise en scène est-elle, oui ou non, une arme dangereuse ?*

Chaque artiste répond ici de façon différente. Et, comme on sait, d'un ton plus ou moins catégorique. Certains auteurs évitent de répondre. Tel auteur finit par admettre qu'il peut se passer des services du metteur en scène. Tel grand comédien s'insurge contre ce qui paraît une atteinte à sa liberté, à son talent. Tel autre sait y assouplir ses dons. Quant au public, il se rue aussi bien à un spectacle dont le travail scénique fut bâclé qu'à celui rigoureusement régi de tel ou tel metteur en scène.

À cette enquête nul verdict ! Donc, nulle conclusion ou nul jugement.

Cependant, je ne crois pas utile à l'avenir du théâtre de s'en tenir au « renvoi sine die ». Je crois qu'il est nécessaire que chacun d'entre nous s'exprime franchement à ce sujet. Non pas dans l'intention orgueilleuse d'avancer une opinion personnelle, mais parce qu'il me paraît urgent de savoir ce que le nouveau théâtre, ayant jugé de ce qui est déjà fait, a l'intention de faire et ce qu'il *peut* faire.

De la tradition théâtrale

GIORGIO STREHLER

Humanité de Samuel Beckett

Co-fondateur, avec Paolo Grassi, du Piccolo Teatro en 1947, fondateur du groupe Teatro e Azione en 1969, Giorgio Strehler (1921-1997) a jeté les bases d'un théâtre populaire italien radicalement opposé à celui qui a triomphé entre 1930 et 1943. Attentif à ouvrir le théâtre italien aux autres dramaturgies existantes, il mit en scène un répertoire éclectique où se croisèrent Bertolt Brecht, Anton Tchekhov, Henrik Ibsen, Maxime Gorki, Eugene O'Neill et, plus tardivement, Samuel Beckett.

Depuis longtemps, Beckett est un auteur qui m'accompagne. Depuis ce lointain après-midi en tout cas où Brecht nous parla de son intention de monter *En attendant Godot*. Ce n'est qu'aujourd'hui pourtant que j'affronte pour la première fois un texte de Beckett parce que je ne me suis jamais senti prêt « théâtralement et humainement » à aborder ce conflit ancestral et essentiel homme/vie, homme/Fatum, homme/Divinité, cette léopardienne « infinie vanité de tout » et l'atrocité de l'optimisme d'un Leibniz sur son « meilleur des mondes possibles ». En lisant et en relisant ce texte, qui m'apparaît de plus en plus comme une tragédie, je suis surtout frappé par cette affirmation de vie qu'il contient à travers une répétition de gestes, de paroles, d'actions dans un monde arrivé presque à son terme, mais pas encore détruit même s'il est réduit à ses ultimes et presque dérisoires formes de survivance. Les personnages sont-ils les derniers survivants d'une catastrophe ? La bombe atomique est-elle une cause ou le corollaire d'un théorème qui condamne une civilisation ? Un désert battu par une lumière aveuglante, le soleil et les étoiles, la « lumière sacrée » que l'homme salue avec gratitude sont les instruments d'une loi ancestrale à laquelle l'homme est soumis dès sa naissance – une plaisanterie – et pas des meilleures – du Tout-Puissant, mais au-delà de toute simulation, au-delà de toute insincérité envers lui-même l'homme est ancré à sa planète par un désir obstiné de continuité. À côté de la lutte tragique de l'homme et du Destin, la lutte de Prométhée et d'Œdipe, la lutte d'Électre, d'Oreste, d'Antigone et d'Alceste se profile celle de Winnie enterrée jusqu'à la taille qui extrait de son sac les objets banals de sa journée pour combler le vide qui envahit chaque heure de son « beau jour », qui veut parler de façon obsessionnelle pour vaincre le silence, qui cherche avec un tourment obstiné son partenaire Willie, une épave humaine, réduite aux besoins élémentaires, rampant dans un trou de taupe, qui le sollicite au dialogue, lui son contraire et son miroir. Tout cela dénote un amour de la vie inextinguible. [...]

Les grands pessimistes aiment profondément la vie. Comme l'aimait Schopenhauer, comme l'aimait Leopardi. Winnie est comme le genêt de Leopardi accroché à la terre désolée où il est enraciné. La grandeur et l'humanité de Beckett ne sont pas dans la négation de la vie et de l'homme mais dans la persistance d'un appel à ne pas se laisser détruire. Une fois créé, l'homme ne peut être anéanti. Quand tout disparaît autour de lui, son histoire, sa mémoire, sa pensée demeurent. L'homme de Beckett n'oppose pas au destin les grandes choses mais les petites choses dont est faite la persistance quotidienne, au-delà de l'angoisse, de la solitude, du vide, du silence. Chaque homme, chaque chose reviennent cycliquement à leur propre place, renaissent de leurs cendres.

Beckett n'est pas une voix qui résonne dans le désert. Il cherche des échos dans tous les coins du monde où existent une capacité et une volonté de vivre.

« Beckett ou le triomphe de la vie.
Notes de mise en scène
à propos de *Oh les beaux jours* »
Revue d'esthétique,
numéro spécial hors série « Samuel Beckett », 1986
Éditions Jean-Michel Place

DARIO FO

« Première règle : génie et irrégularité »

Acteur, metteur en scène et dramaturge, prix Nobel de littérature en 1997, Satrape du Collège de 'Pataphysique depuis 2001, Dario Fo (né en 1926) est probablement l'un des auteurs de théâtre italiens les plus joués au monde avec Carlo Goldoni. Mêlant comédie, satire politique et charge sociale, cet anticonformiste ne s'est jamais départi de ses engagements passés. Dans Le gai savoir de l'acteur, *il expose sa conception du métier de comédien.*

Puisqu'au théâtre il n'y a pas de règles, on rencontre parfois des acteurs qui ont passé la nuit à faire la fête, qui se sont farcis l'après-midi une séance de doublage de deux heures, et les voilà sur scène le soir, lucides et efficaces, et même miraculeux.

Il y a deux ans, à Paris, je suis allé voir Carmelo Bene dans sa loge, à l'entracte de son *Macbeth*. Il m'a offert une bière qu'il a attrapée dans une caisse, sur sa table : « C'est ma ration quotidienne », dit-il en montrant une armée de bouteilles vides, bien rangées trois par trois. J'ai pensé, qu'à sa place, ainsi lesté, je m'écroulerais en scène moins de cinq minutes après le début de la représentation. Il avait joué la première partie avec une véhémence incroyable. Pendant la seconde, il sauta comme un cabri, grinça des dents, débita des flots de paroles à toute vitesse, et sut garder un rythme et une coordination impeccables.

Je connais plusieurs acteurs anglais, dont Peter O'Toole, qu'il faut éviter de secouer avant qu'ils entrent en scène, car ils laisseraient échapper du champagne par les oreilles, comme une bouteille qu'on a fait tiédir... Et pourtant en scène, ces bars ambulants ont un merveilleux rendement, soir après soir. Tout dépend du genre de théâtre qu'on fait, du physique qu'on a, de son rapport psychique et culturel avec la scène et, surtout, de ce qu'on a à dire. Tout dépend si cela vient de la tête, de l'émotion ou de la tripe. Certains acteurs, et même des acteurs importants, pour surmonter l'ennui d'avoir à jouer le même spectacle pour la deux centième fois, ou pour vaincre le trac du début, ingurgitent parfois de l'alcool pour se donner du brio et du courage. Ils ont l'illusion de choisir la bonne solution... mais c'est une erreur. Combien j'en ai vu, dopés au whisky, perdre le rythme, avoir le souffle court, détonner puis ralentir de façon inquiétante ou accélérer sans raison. Pour finir, à chaque fois, ils se faisaient des compliments ; ce soir, j'étais en grande forme ! Aucun de leurs collaborateurs n'a le courage de leur dire ceci clair et net : « Tu as été dégueulasse ! »

Le gai savoir de l'acteur,
traduit de l'italien par Valeria Tasca

VALÈRE NOVARINA

La puissance des mots

Né en 1947, Valère Novarina est tout à la fois écrivain, dramaturge, plasticien, metteur en scène et scénographe. Si ses premières pièces sont de facture relativement classique, il s'est rapidement orienté vers un théâtre de recherche et d'expérimentation qui s'oppose à la récitation traditionnelle.

Au théâtre, on va manger le temps et les langues dans la même mangeoire de la scène. Même manducation. On est au point de division et d'amour entre les mots et l'espace, dans leur combat, leur sexualité, et pas loin d'un *mystère physique de l'esprit*. Les paroles disparaissent ; le monde resurgit parlé. Tout se joue dans la bouche de l'acteur où le théâtre naît et périt. Même morsure. La bouche est comme la fosse, l'orifice, l'origine, le trou de la pensée.

Aujourd'hui où l'homme, contorsionniste toujours surprenant, semble s'être tout à la fois mis en boucle et pris dans son propre filet – où, bientôt totalement *inventorié* (c'est-à-dire bien dressé à s'imiter lui-même), il voudrait se mettre en vente et étendre sur le monde par duplication épidémique son empire désastreux – il faut se souvenir que l'homme est sujet d'un manque : le lieu du manque, l'animal à qui manque, l'animal en manque, l'animal au masque. Et qu'être homme c'est aussi avoir en soi l'absence d'homme.

On dit qu'il y a l'espace intérieur et l'espace extérieur. Je n'y ai jamais cru. En tout cas on voit bien, au théâtre, ces deux espaces reformer le même… on y voit par instant que l'univers est à l'intérieur du langage. Le langage est l'espace contenant tout. Le vrai sang des choses est à chercher au fond des mots.

J'essaye de lutter, de me battre, avec beaucoup d'autres, contre l'image mécanique de l'homme qui toujours en nous se reconstitue. Contre ce monde binaire qu'on nous impose : de surface, sans profondeur, réduit aux images plates… *Plates à mourir*, diraient les Québécois… Se battre contre l'idée d'une vie sans traversées, contre une pensée sans fugue, sans perspective et sans respiration. Elle est très belle, cette phrase de Dürer : « La perspective, du latin *perspectiva* qui veut dire *vue traversante.* » La vision respire et l'œil passe au travers de l'espace. Nous devons, sous peine d'asphyxie, retrouver aujourd'hui ces ombres du langage, reconquérir cette respiration, cette profondeur spirale, en vrille, en fugue, qui appelle et qui est creusée. C'est par là qu'on s'en va.

La bonne nouvelle du théâtre – où la poésie est *active* – c'est que l'homme n'a pas encore été capturé. Le monde n'est pas à décrire, ni à imiter, ni à redoubler, mais doit être à nouveau appelé par les mots. Allez annoncer partout que l'homme n'a pas encore été capturé !

Devant la parole

LE THÉÂTRE ET LES ÉCRIVAINS

DENIS DIDEROT

Traité de l'acteur

Écrivain et dramaturge, précurseur du drame bourgeois partisan d'une modernisation des formes théâtrales, Denis Diderot (1713-1784) a laissé plusieurs ouvrages de théorie sur l'art dramatique. D'une audace et d'une nouveauté considérables, son Paradoxe sur le comédien *a alimenté tout le débat du théâtre moderne.*

L'homme sensible obéit aux impulsions de la nature et ne rend précisément que le cri de son cœur ; au moment où il tempère ou force ce cri, ce n'est plus lui, c'est un comédien qui joue.

Le grand comédien observe les phénomènes ; l'homme sensible lui sert de modèle, il le médite, et trouve, de réflexion, ce qu'il faut ajouter ou retrancher pour le mieux. Et puis, des faits encore après des raisons.

À la première représentation d'*Inès de Castro*, à l'endroit où les enfants paraissent, le parterre se mit à rire ; la Duclos, qui faisait Inès, indignée, dit au parterre : « Ris donc, sot parterre, au plus bel endroit de la pièce. » Le parterre l'entendit, se contint ; l'actrice reprit son rôle, et ses larmes et celles du spectateur coulèrent. Quoi donc ! est-ce qu'on passe et repasse ainsi d'un sentiment profond à un sentiment profond, de la douleur à l'indignation, de l'indignation à la douleur ? Je ne le conçois pas ;

mais ce que je conçois très bien, c'est que l'indignation de la Duclos était réelle et sa douleur simulée.

Quinault-Dufresne joue le rôle de Sévère dans *Polyeucte*. Il était envoyé par l'empereur Décius pour persécuter les chrétiens. Il confie ses sentiments secrets à son ami sur cette secte calomniée. Le sens commun exigeait que cette confidence, qui pouvait lui coûter la faveur du prince, sa dignité, sa fortune, la liberté et peut-être la vie, se fît à voix basse. Le parterre lui crie : « Plus haut. » Il réplique au parterre : « Et vous, messieurs, plus bas. » Est-ce que s'il eût été vraiment Sévère, il fût redevenu si prestement Quinault ? Non, vous dis-je, non. Il n'y a que l'homme qui se possède comme sans doute il se possédait, l'acteur rare, le comédien par excellence, qui puisse ainsi déposer et reprendre son masque.

Le Kain-Ninias descend dans le tombeau de son père, il y égorge sa mère ; il en sort les mains sanglantes. Il est rempli d'horreur, ses membres tressaillent, ses yeux sont égarés, ses cheveux semblent se hérisser sur sa tête. Vous sentez frissonner les vôtres, la terreur vous saisit, vous êtes aussi éperdu que lui. Cependant Le Kain-Ninias pousse du pied vers la coulisse une pendeloque de diamants qui s'était détachée de l'oreille d'une actrice. Et cet acteur-là sent ? Cela ne se peut. Direz-vous qu'il est mauvais acteur ? Je n'en crois rien. Qu'est-ce donc que Le Kain-Ninias ? C'est un homme froid qui ne sent rien, mais qui figure supérieurement la sensibilité. Il a beau s'écrier : « Où suis-je ? » Je lui réponds : « Où tu es ? Tu le sais bien : tu es sur les planches, et tu pousses du pied une pendeloque vers la coulisse. »

Un acteur est pris de passion pour une actrice ; une pièce les met par hasard en scène dans un moment de jalousie. La scène y gagnera, si l'acteur est médiocre; elle y perdra, s'il est comédien; alors le grand comédien devient lui et n'est plus le modèle idéal et sublime qu'il s'est fait d'un jaloux. Une preuve qu'alors l'acteur et l'actrice se rabaissent l'un et l'autre à la vie commune, c'est que s'ils gardaient leurs échasses ils se riraient au nez; la jalousie ampoulée et tragique ne leur semblerait souvent qu'une parade de la leur. [...]

Je dis plus : un moyen sûr de jouer petitement, mesquinement, c'est d'avoir à jouer son propre caractère. Vous êtes un tartuffe, un avare, un misanthrope, vous le jouerez bien; mais vous ne ferez rien de ce que le poète a fait; car il a fait, lui, le Tartuffe, l'Avare et le Misanthrope.

Paradoxe sur le comédien

JEAN-FRANÇOIS MARMONTEL

Une comédienne en état d'ivresse

Directeur du Mercure de France, *collaborateur de l'*Encyclopédie, *Jean-François Marmontel (1723-1799) fut l'auteur d'une œuvre considérable. S'il a acquis la renommée avec les* Contes moraux, Bélisaire *et* Les Incas ou la Destruction de l'empire du Pérou, *ses pièces ne sont en revanche pas passées à la postérité. Ses* Mémoires *constituent, quant à eux, une mine d'observations passionnantes sur la vie littéraire du XVIIIe siècle.*

Je cherchai un sujet plus pathétique, et je crus le trouver dans la fable des Héraclides. Il y avait quelque ressemblance avec l'*Iphigénie en Aulide* ; mais par les caractères et les incidents de l'action, ces deux sujets étaient si différents que le même poète grec, Euripide, les avait traités l'un et l'autre. Cependant, à peine ma pièce eut-elle été reçue et mise en répétition que le bruit courant par le monde fut que, dans un sujet tout semblable à celui de Racine, je voulais jouter avec lui. [...]

C'était la plus faiblement écrite de mes pièces de théâtre, mais la plus pathétique ; et aux répétitions, je ne puis exprimer l'impression qu'elle avait faite. Mlle Dumesnil y jouait le rôle de Déjanire ; Mlle Clairon, celui d'Olympie ; et dans leurs scènes, l'expression de l'amour et de la douleur de la mère était si déchirante que celle qui jouait la fille en était pénétrée au point de ne pouvoir parler. L'auditoire fondait en larmes ; M. de La Popelinière ainsi que tous les assistants me répondaient d'un plein succès.

J'ai fait entendre ailleurs par quel événement tout l'effet de ce pathétique fut détruit à la première représentation. Mais ce que je n'ai pas voulu expliquer dans une préface, je puis le dire clairement dans des mémoires particuliers. Mlle Dumesnil aimait le vin ; elle avait coutume d'en boire un gobelet dans les entractes, mais assez trempé d'eau pour ne pas l'enivrer. Malheureusement, ce jour-là, son laquais le lui versa pur à son insu. Dans le premier acte, elle venait d'être sublime et applaudie avec transport. Toute bouillante encore, elle avala ce vin, et il lui porta à la tête. Dans cet état d'ivresse et d'étourdissement, elle joua le reste de son rôle, ou plutôt le balbutia d'un air si égaré, si hors de sens, que le pathétique en devint risible, et l'on sait que, lorsqu'une fois le parterre commence à prendre le sérieux en raillerie, rien ne le touche plus, et en froid parodiste il ne cherche qu'à s'égayer.

Comme on ne savait pas dans le public ce qui était arrivé dans la coulisse, on ne manqua point d'attribuer au rôle l'extravagance de l'actrice ; et le bruit de Paris fut que le ton de ma pièce était d'une familiarité si folle et si plaisante qu'on en avait ri aux éclats.

Mémoires d'un père pour servir
à l'instruction de ses enfants

FRANÇOIS-RENÉ DE CHATEAUBRIAND

Ode à Talma

Si le théâtre ne constitua pas la matière première de l'œuvre de François-René de Chateaubriand (1768-1848), ce dernier ne manqua pas de faire part, dans ses Mémoires d'outre-tombe, *de son admiration pour le talent du tragédien François-Joseph Talma (1763-1826) qui, pour avoir incarné avec succès Sylla, Régulus, Léonidas et Charles VI, fut érigé par le public au rang de demi-dieu.*

À mon entrée dans le monde, l'ancienne comédie était dans toute sa gloire; je la retrouvai dans sa complète décomposition; la tragédie se soutenait encore, grâce à mademoiselle Duchesnois et surtout à Talma, arrivé à la plus grande hauteur du talent dramatique. Je l'avais vu à son début; il était moins beau et, pour ainsi dire, moins jeune qu'à l'âge où je le revoyais : il avait pris la distinction, la noblesse et la gravité des années.

Le portrait que madame de Staël a fait de Talma dans son ouvrage sur l'Allemagne, n'est qu'à moitié vrai : le brillant écrivain apercevait le grand acteur avec une imagination de femme, et lui donna ce qui lui manquait.

Il ne fallait pas à Talma le monde intermédiaire : il ne savait pas le *gentilhomme*; il ne connaissait pas notre ancienne société; il ne s'était pas assis à la table des châtelaines, dans la tour gothique au fond des bois; il ignorait la flexibilité, la variété de ton, la galanterie, l'allure légère des mœurs, la naïveté, la tendresse, l'héroïsme d'honneur, les dévouements chrétiens de la chevalerie : il n'était pas Tancrède, Coucy, ou, du moins, il les transformait en héros d'un moyen âge de sa création : Othello était au fond de Vendôme.

Qu'était-il donc, Talma ? Lui, son siècle et le temps antique. Il avait les passions profondes et concentrées de l'amour et de la patrie ; elles sortaient de son sein par explosion. Il avait l'inspiration funeste, le dérangement du génie de la Révolution à travers laquelle il avait passé. Les terribles spectacles dont il fut environné se répétaient dans son talent avec les accents lamentables et lointains des chœurs de Sophocle et d'Euripide. Sa grâce qui n'était point la grâce convenue, vous saisissait comme le malheur. La noire ambition, le remords, la jalousie, la mélancolie de l'âme, la douleur physique, la folie par les dieux et l'adversité, le deuil humain ; voilà ce qu'il savait. Sa seule entrée en scène, le seul son de sa voix étaient puissamment tragiques. La souffrance et la pensée se mêlaient sur son front, respiraient dans son immobilité, ses poses, ses gestes, ses pas. *Grec*, il arrivait, pantelant et funèbre, des ruines d'Argos, immortel Oreste, tourmenté qu'il était depuis trois mille ans par les Euménides ; *Français*, il venait des solitudes de Saint-Denis, où les Parques de 1793 avaient coupé le fil de la vie tombale des rois. Tout entier triste, attendant quelque chose d'inconnu, mais d'arrêté dans l'injuste ciel, il marchait, forçat de la destinée, inexorablement enchaîné entre la fatalité et la terreur.

Le temps jette une obscurité inévitable sur les chefs-d'œuvre dramatiques vieillissants ; son ombre portée change en Rembrandt les Raphaël les plus purs : sans

Talma une partie des merveilles de Corneille et de Racine serait demeurée inconnue. Le talent dramatique est un flambeau ; il communique le feu à d'autres flambeaux à demi éteints, et fait revivre des génies qui vous ravissent par leur splendeur renouvelée.

On doit à Talma la perfection de la tenue de l'acteur. Mais la vérité du théâtre et le rigorisme du vêtement sont-ils aussi nécessaires à l'art qu'on le suppose ? Les personnages de Racine n'empruntent rien de la coupe de l'habit : dans les tableaux des premiers peintres, les fonds sont négligés et les costumes inexacts. Les *Fureurs* d'Oreste ou la *Prophétie* de Joad, lues dans un salon par Talma en frac, faisaient autant d'effet que déclamées sur la scène par Talma en manteau grec ou en robe juive.

Mémoires d'outre-tombe

HENRI BEYLE, DIT STENDHAL

L'illusion parfaite

Henri Beyle, dit Stendhal (1783-1842), ne s'est jamais départi de sa fascination pour le théâtre, au point qu'il prit une part prépondérante dans la première lutte des romantiques et des classiques avec la publication de deux pamphlets : Racine et Shakspeare *(1823) et* Racine et Shakspeare N°II, ou Réponse au manifeste contre le romantisme prononcé par M. Auger dans une séance solennelle de l'Institut *(1825).*

L'année dernière (août 1822), le soldat qui était en faction dans l'intérieur du théâtre de Baltimore, voyant Othello qui, au cinquième acte de la tragédie de ce nom, allait tuer Desdemona, s'écria : « Il ne sera jamais dit qu'en ma présence un maudit nègre aura tué une femme blanche. » Au même moment le soldat tire son coup de fusil, et casse un bras à l'acteur qui faisait Othello. Il ne se passe pas d'année sans que les journaux ne rapportent des faits semblables. Eh bien ! ce soldat avait de l'*illusion*, croyait vraie l'action qui se passait sur la scène. Mais un spectateur ordinaire, dans l'instant le plus vif de son plaisir, au moment où *il applaudit* avec transport Talma-Manlius disant à son ami : « Connais-tu cet écrit ? » par cela seul qu'il applaudit n'a pas l'*illusion complète*, car il applaudit Talma, et non pas le Romain Manlius; Manlius ne fait rien de digne d'être applaudi, son action est fort simple et tout à fait dans son intérêt. [...]

Il est impossible que vous ne conveniez pas que l'illusion que l'on va chercher au théâtre n'est pas une illusion parfaite. L'illusion *parfaite* était celle du soldat en faction au théâtre de Baltimore. Il est impossible que vous ne conveniez pas que les spectateurs savent bien qu'ils sont au théâtre, et qu'ils assistent à la représentation d'un ouvrage de l'art, et non pas à un fait vrai. [...]

Il me semble que ces moments d'*illusion parfaite* sont plus fréquents qu'on ne le croit en général, et surtout qu'on ne l'admet pour vrai dire dans les discussions littéraires. Mais ces moments durent infiniment peu, par exemple une demi-seconde, ou un quart de seconde. On oublie bien vite Manlius pour ne voir que Talma; ils ont plus de durée chez les jeunes femmes, et c'est pour cela qu'elles versent tant de larmes à la tragédie.

Mais recherchons dans quels moments de la tragédie le spectateur peut espérer de rencontrer ces instants délicieux d'*illusion parfaite*.

Ces instants charmants ne se rencontrent ni au moment d'un changement de scène, ni au moment précis où le poète fait sauter douze ou quinze jours au spectateur, ni au moment où le poète est obligé de placer un long récit dans la bouche d'un de ses personnages, uniquement pour informer le spectateur d'un fait antérieur, et dont la connaissance lui est nécessaire, ni au moment où arrivent trois ou quatre vers admirables, et remarquables *comme vers*.

Ces instants délicieux et si rares d'*illusion parfaite* ne peuvent se rencontrer que dans la chaleur d'une scène animée, lorsque les répliques des acteurs se pressent ; par exemple, quand Hermione dit à Oreste, qui vient d'assassiner Pyrrhus par son ordre :

Qui te l'a dit ?

Jamais on ne trouvera ces moments d'*illusion parfaite*, ni à l'instant où un meurtre est commis sur la scène, ni quand des gardes viennent arrêter un personnage pour le conduire en prison. Toutes ces choses, nous ne pouvons les croire véritables, et jamais elles ne produisent d'illusion. Ces morceaux ne sont faits que pour amener les scènes durant lesquelles les spectateurs rencontrent ces demi-secondes si délicieuses ; or, je dis que ces courts moments d'*illusion parfaite se trouvent plus souvent dans les tragédies de Shakspeare que dans les tragédies de Racine.*

Tout le plaisir que l'on trouve au spectacle tragique dépend de la fréquence de ces petits moments d'illusion, *et de l'état d'émotion où, dans leurs intervalles, ils laissent l'âme du spectateur.*

Racine et Shakspeare

VICTOR HUGO

Pour l'abolition de la censure

Le 3 avril 1849, prenant la suite de l'orateur politique et futur académicien Jules Favre (1809-1880) qui vient de demander l'abolition de toute censure pour les théâtres, Victor Hugo (1802-1885) prononce devant l'Assemblée constituante un discours en faveur de la liberté du théâtre.

Je regrette que cette grave question, qui divise les meilleurs esprits, surgisse d'une manière si inopinée. Pour ma part, je l'avoue franchement, je ne suis pas prêt à la traiter et à l'approfondir comme elle devrait être approfondie; mais je croirais manquer à un de mes plus sérieux devoirs, si je n'apportais ici ce qui me paraît être la vérité et le principe.

Je n'étonnerai personne dans cette enceinte en déclarant que je suis partisan de la liberté du théâtre.

Et d'abord, messieurs, expliquons-nous sur ce mot. Qu'entendons-nous par là ? Qu'est-ce que c'est que la liberté du théâtre ?

Messieurs, à proprement parler, le théâtre n'est pas et ne peut jamais être libre. Il n'échappe à une censure que pour retomber sous une autre, car c'est là le véritable nœud de la question, c'est sur ce point que j'appelle spécialement l'attention de M. le ministre de l'intérieur. Il existe deux sortes de censures. L'une, qui est ce que je connais au monde de plus respectable et de plus efficace, c'est la censure exercée au nom des idées éternelles d'honneur, de décence et d'honnêteté, au nom de ce respect qu'une grande nation a toujours pour elle-même, c'est la censure exercée par les mœurs publiques. (*Mouvements en sens divers. Agitation.*)

L'autre censure, qui est, je ne veux pas me servir d'expressions trop sévères, qui est ce qu'il y a de plus malheureux et de plus maladroit, c'est la censure exercée par le pouvoir.

Eh bien ! quand vous détruisez la liberté du théâtre, savez-vous ce que vous faites ? Vous enlevez le théâtre à la première de ces deux censures, pour le donner à la seconde.

Croyez-vous y avoir gagné ?

Au lieu de la censure du public, de la censure grave, austère, redoutée, obéie, vous avez la censure du pouvoir, la censure déconsidérée et bravée. Ajoutez-y le pouvoir compromis. Grave inconvénient.

Et savez-vous ce qui arrive encore ? C'est que, par une réaction toute naturelle, l'opinion publique, qui serait si sévère pour le théâtre libre, devient très indulgente pour le théâtre censuré. Le théâtre censuré lui fait l'effet d'un opprimé. (*C'est vrai ! c'est vrai !*)

Il ne faut pas se dissimuler qu'en France, et je le dis à l'honneur de la générosité de ce pays, l'opinion publique finit toujours tôt ou tard par prendre parti pour ce qui lui paraît être une liberté en souffrance.

Eh bien, je ne dis pas seulement il n'est pas moral, je dis il n'est pas adroit, il n'est pas habile, il n'est pas politique de mettre le public du côté des licences théâtrales ; le public, mon Dieu ! il a toujours dans l'esprit un fonds d'opposition, l'allusion lui plaît, l'épigramme l'amuse ;

le public se met en riant de moitié dans les licences du théâtre.

Voilà ce que vous obtenez avec la censure. La censure, en retirant au public sa juridiction naturelle sur le théâtre, lui retire en même temps le sentiment de son autorité et de sa responsabilité ; du moment où il cesse d'être juge, il devient complice. (*Mouvement.*)

Je vous invite, messieurs, à réfléchir sur les inconvénients de la censure ainsi considérée. Il arrive que le public finit très promptement par ne plus voir dans les excès du théâtre que des malices presque innocentes, soit contre l'autorité, soit contre la censure elle-même ; il finit par adopter ce qu'il aurait réprouvé, et par protéger ce qu'il aurait condamné. (*C'est vrai !*)

J'ajoute ceci : la répression pénale n'est plus possible, la société est désarmée, son droit est épuisé, elle ne peut plus rien contre les délits qui peuvent se commettre pour ainsi dire à travers la censure. Il n'y a plus, je le répète, de répression pénale. Le propre de la censure, et ce n'est pas là son moindre inconvénient, c'est de briser la loi en s'y substituant. Le manuscrit une fois censuré, tout est dit, tout est fini. Le magistrat n'a rien à faire où le censeur a travaillé. La loi ne passe pas où la police a passé.

Quant à moi, ce que je veux, pour le théâtre comme pour la presse, c'est la liberté, c'est la légalité.

Je résume mon opinion en un mot que j'adresse aux gouvernants et aux législateurs : par la liberté, vous placez les licences et les excès du théâtre sous la censure du public ; par la censure, vous les mettez sous sa protection. Choisissez. (*Longue agitation.*)

La liberté du théâtre
in *Œuvres complètes de Victor Hugo*

ALEXANDRE DUMAS

Le chef de claque

En 1837, neuf ans après Henri III, *Alexandre Dumas (1802-1870) est de retour au Théâtre-Français avec* Caligula. *La claque y est alors organisée et le parterre appartient tout entier au chef de claque.*

Il y a dans chaque théâtre bien organisé un homme avec lequel l'auteur est invité à se mettre en relations, du moment que le jour de la représentation approche. Cet homme, c'est l'entrepreneur de succès, autrement dit le chef de claque. Au Théâtre-Français, le chef de claque se nomme Vacher. [...]

Je ne connais pas de plus terrible abus que celui que je signale ici. On donne le parterre au chef de claque, afin qu'il ne s'introduise pas de malveillants dans le parterre. Sur trois cents places, le chef de claque en vend deux cent cinquante, et, comme, en général, il les vend plus cher qu'au bureau, au lieu de malveillants, il y a des malveillants et demi.

On prend certains arrangements avec les chefs de claque. On leur donne, en général, cent francs de gratification ; ce qui, avec les billets vendus par eux, leur fait trois ou quatre cents francs de prime pour la première représentation. Puis on leur recommande telle ou telle actrice. La moindre recommandation ne coûte pas moins de cinquante francs.

On leur dit : « Vous rappellerez après tel acte madame une telle ou monsieur un tel. » Ils rappellent, et monsieur ou madame une telle dit :

– Voyez-vous, comme j'ai été rappelée !

Cela fait que monsieur un tel ou madame une telle n'interrompt pas le spectacle.

Je n'avais donc pas manqué de remplir devant Vacher cette petite formalité. Vacher m'avait promis son appui, – sans restriction. Vacher paraissait enchanté de *Caligula*. Je comptais donc sur Vacher.

La première représentation arriva. Ce fut une chose curieuse que la première représentation de *Caligula*. Après un prologue vif, animé, plein de curiosités, trop vif, trop animé, trop plein de curiosités, puisque évidemment il nuisit au reste de l'ouvrage, venait la pièce avec son allure simple, calme, antique.

Il faut d'abord vous dire, cher lecteur vous qui peut-être n'étiez pas là, que le public habituel du Théâtre-Français, public qui n'a jamais vu manger ses héros et qui ne les a vus boire que pour s'empoisonner. Il faut d'abord vous dire que ce public avait été fort scandalisé de voir, au prologue, un Romain ivre, trébuchant et ayant la langue un peu pâteuse. Si ce Romain n'eût pas été joué d'une façon adorable par Menjaud, il eût été sifflé. Il ne fut pas sifflé. Mais je ne perdis pas pour attendre.

C'était en 1837, époque de la recrudescence des jésuites, époque à laquelle *le Constitutionnel* faisait tous les matins un premier Paris contre les hommes noirs.

J'avais, au quatrième acte, une scène entre Stella,

chrétienne, et Aquila, païen; ils croient qu'ils vont marcher ensemble au supplice. La scène était peut-être la meilleure de l'ouvrage.

À ce vers :

Je te baptise au nom de La Trinité sainte,

un monsieur bien mis cria d'une loge :

– Jésuite, va!

Ce fut l'avis du parterre, car deux autres sifflets saisirent l'occasion au vol et répondirent à l'apostrophe du monsieur bien mis.

Je n'avais rien à dire au monsieur bien mis; il était dans une loge, il pouvait avoir payé cette loge, quoique je n'en croie rien; en général, les gens qui payent tiennent à laisser finir la pièce afin d'en avoir pour leur argent. Je n'avais rien à dire au monsieur bien mis, mais j'avais à débattre cette affaire-là avec maître Vacher, à qui l'on avait donné tout le parterre et qui en répondait. [...]

La toile tomba sur un grand tumulte. Y avait-il succès? y avait-il chute? personne n'en savait rien; moi, pas plus que les autres.

En attendant, j'écrivis au comité pour demander une explication. L'audience me fut accordée. Je me présentai à l'heure dite, j'exposai mes griefs; le comité déclara que je me trompais. Je demandai la comparution de Vacher; on obtempéra à ma demande. Vacher fut introduit.

– Monsieur Vacher, lui dis-je, on a, le soir de la première représentation de *Caligula*, arrêté un de vos hommes qui sifflait?

– Vous croyez? dit Vacher.

– Comment, je crois! Je ne crois pas, morbleu! j'en suis sûr.

Vacher secoua la tête en signe de dénégation.

– Vous voyez bien, s'écrièrent les membres du comité, Vacher dit que ce n'est pas vrai. – Allez, Vacher, allez.

– Non pas. M. Vacher dit non ; mais je dis oui, moi. Et je veux prouver que je dis la vérité.

J'allais à la porte, j'introduisis mes témoins. Mes témoins déposèrent. Vacher courba la tête. Il se fit dans le comité un murmure improbateur. Vacher releva la tête.

– Mais enfin, messieurs, dit-il en se révoltant, il faudrait cependant s'entendre.

– Comment, s'entendre ?

– Sans doute. Suis-je au service de l'administration du Théâtre-Français ?

– Mais oui, il nous semble.

– Le comité est-il l'administration ?

– Parbleu !

– Dois-je obéir à MM. les membres du comité quand ils me donnent un ordre ?

– C'est incontestable.

– Eh bien, la moitié de vous, ceux qui jouent dans la pièce, m'ont donné l'ordre d'applaudir ; l'autre moitié, ceux qui n'y jouent pas m'ont donné l'ordre de siffler. J'ai obéi à tout le monde.

Historique. Les gens vivent encore ; seulement, *Caligula* ne vit plus !

Souvenirs dramatiques

GEORGE SAND

Deburau

Dans sa somme autobiographique Histoire de ma vie, *George Sand (1804-1876) raconte sa première rencontre avec le célèbre mime Gaspard Deburau (1796-1846) qui se produisait en costume de Pierrot au Théâtre des Funambules, où une cave lui servait de loge. Elle ne cacha pas son admiration pour cet artiste « charmant de manières » dans* Le Constitutionnel, *où elle lui consacra quelques pages dans l'édition du 8 février 1846.*

Je n'ai jamais vu d'artiste plus sérieux, plus consciencieux, plus religieux dans son art. Il l'aimait de passion et en parlait comme d'une chose grave, tout en parlant de lui-même avec une extrême modestie. Il étudiait sans cesse et ne se blasait pas, malgré un exercice continuel et même excessif. Il ne s'inquiétait pas si les finesses admirables de sa physionomie et de son originalité de *composition* étaient appréciées par des artistes ou saisies par des esprits naïfs. Il travaillait pour se satisfaire, pour essayer et pour réaliser sa fantaisie, et cette fantaisie, qui paraissait si spontanée, était étudiée à l'avance avec un soin extraordinaire. Je l'écoutai avec grande attention : il ne posait pas du tout, et je voyais en lui, malgré la bouffonnerie du genre, un de ces grands artistes qui méritent le titre de *maîtres*. [...]

J'ai revu Debureau plusieurs fois depuis et me suis toujours senti pour le paillasse des boulevards une grande déférence et comme un respect dû à l'homme de conviction et d'étude.

J'assistais, douze ou quinze ans plus tard, à une représentation à son bénéfice, à la fin de laquelle il tomba à faux dans une trappe. J'envoyai savoir de ses nouvelles le lendemain, et il m'écrivit, pour me dire lui-même que ce n'était rien, une lettre charmante qui finissait ainsi : « Pardonnez-moi de ne pas savoir mieux vous remercier. Ma plume est comme la voix du personnage muet que je représente ; mais mon cœur est comme mon visage, qui exprime la vérité. »

Peu de jours après, cet excellent homme, cet artiste de premier ordre, était mort des suites de sa chute.

Histoire de ma vie

PAUL CLAUDEL

« Le plaisir théâtral »

Paul Claudel (1868-1955), par son génie lyrique, compte parmi les écrivains les plus incontournables du théâtre contemporain. Montées par Lugné Poe et Jean-Louis Barrault, qui devint son metteur en scène attitré, ses pièces ont été servies par des acteurs aussi talentueux que Maria Casarès, Alain Cuny, Edwige Feuillère, Ludmilla et Georges Pitoëff ou Laurent Terzieff. Ses Idées sur le Théâtre, *au même titre que ses correspondances avec Copeau, Dullin et Jouvet, éclairent ses partis pris de dramaturge.*

Dans le plaisir qu'éprouve le spectateur devant une œuvre dramatique, il y a des éléments très divers. Il y a un plaisir d'abord de logique, une construction conforme à la vraisemblance. Dans la vie, rien n'arrive dans un ordre rigoureux : nous n'assistons, somme toute, qu'à des actions mutilées, manquées, imparfaites, tandis que le drame nous donne le spectacle, au contraire, d'événements dépendant d'une logique plus ou moins rigoureuse et aboutissant à une fin qui est le plaisir de Dieu, puisque la fin est le plaisir de l'ordre, et même le principe du commencement. Voilà un des éléments du plaisir que le drame nous procure.

En second lieu, il y a un autre plaisir : c'est un plaisir assez analogue à celui de la peinture; la peinture nous fournit le plaisir par la juxtaposition des couleurs, comme la musique des timbres... du moins, c'est un des éléments de la musique. De même, dans le théâtre, nous tirons un plaisir de la juxtaposition des caractères et des réactions différentes qu'ils exercent l'un sur l'autre. Il est intéressant, par exemple, de voir dans Shakespeare les différentes réactions, les différents contrecoups que les personnages de *Hamlet* exercent l'un sur l'autre. En dehors même d'une logique mécanique, d'une mécanique absolument rigoureuse, il y a une harmonie, une « cause harmonique », si vous voulez, des rapports des caractères tels quels, l'un par l'autre, qui réagissent l'un sur l'autre, comme le jaune peut réagir sur le bleu ou le rouge sur le vert, mais avec infiniment plus de détails, parce que ça ne s'adresse pas seulement à un de nos sens, la vision, ça s'adresse également à notre intelligence et à notre cœur.

Et alors ce mot de « cœur » me donne une troisième raison, un troisième moyen de vous répondre, parce que notre cœur aussi n'est pas satisfait. Dans la vie continuellement il trouve l'occasion de s'exercer, mais il est bien rare qu'il trouve l'occasion de s'exercer avec plénitude. Un grand poète donne au contraire, par la création d'une action fictive, donne à ce cœur l'occasion de s'exercer et de s'exprimer (ce sont là les deux choses importantes) avec plénitude.

La musique ne donne place qu'aux sens. La poésie donne lieu à la fois à toutes les formes de l'intelligence, du caractère, du sentiment et du discours. Parce que le discours aussi est capable de donner une joie. [...]

Quand on a étudié *Le Soulier de Satin* au Français, il s'agissait de demander aux spectateurs une attention ininterrompue de deux heures et demie, ce qui n'avait jamais été fait en France. Et l'administrateur général, Vaudoyer, me disait : « Le spectateur ne pourra jamais tolérer ça ! » surtout qu'il y avait énormément d'éléments nouveaux qui intervenaient, soit dans le style de la pièce, soit dans le développement de l'action, soit dans la mise en scène. Et on pensait que le spectateur serait noyé, désorienté.

Il n'en a été nullement ainsi. J'ai été stupéfait de voir que le spectateur attendait sans aucune espèce de marque d'ennui ou de déplaisir, suivait la pièce avec la plus parfaite attention, et que, quand la fin de ce grand acte est arrivée, il en demandait encore pour ainsi dire : il n'avait pas l'air du tout d'avoir une indigestion, mais au contraire il ne désirait qu'une chose, c'est de voir la pièce continuer.

C'est l'affaire de l'habileté du poète, du metteur en scène... enfin ça comporte beaucoup d'éléments. Mais une action logique, et naturelle, répondant à des sentiments profonds chez le public, peut se prolonger beaucoup plus qu'on ne le fait.

Mes idées sur le Théâtre

ANTONIN ARTAUD

Le théâtre et la peste

*Initiateur du Théâtre Alfred Jarry avec Roger Vitrac, Antonin Artaud (1896-1948) a rédigé une pièce de théâtre d'après Stendhal et Shelley (*Les Cenci*). Suite d'articles parfois ésotériques revendiquant l'avènement du drame métaphysique,* Le Théâtre et son Double *a considérablement influencé le théâtre des années 1960 et 1970.*

Comme la peste, le théâtre est donc un formidable appel de forces qui ramènent l'esprit par l'exemple à la source de ses conflits. [...]

La terrorisante apparition du Mal qui dans les Mystères d'Éleusis était donnée dans sa forme pure, et était vraiment révélée, répond au temps noir de certaines tragédies antiques que tout vrai théâtre doit retrouver.

Si le théâtre essentiel est comme la peste, ce n'est pas parce qu'il est contagieux, mais parce que comme la peste il est la révélation, la mise en avant, la poussée vers l'extérieur d'un fond de cruauté latente par lequel se localisent sur un individu ou sur un peuple toutes les possibilités perverses de l'esprit.

Comme la peste il est le temps du mal, le triomphe des forces noires, qu'une force encore plus profonde alimente jusqu'à l'extinction.

Il y a en lui comme dans la peste une sorte d'étrange

soleil, une lumière d'une intensité anormale où il semble que le difficile et l'impossible même deviennent tout à coup notre élément normal. [...]

On peut dire maintenant que toute vraie liberté est noire et se confond immanquablement avec la liberté du sexe qui est noire elle aussi sans que l'on sache très bien pourquoi. Car il y a longtemps que l'Éros platonicien, le sens génésique, la liberté de vie, a disparu sous le revêtement sombre de la *Libido* que l'on identifie avec tout ce qu'il y a de sale, d'abject, d'infamant dans le fait de vivre, de se précipiter avec une vigueur naturelle et impure, avec une force toujours renouvelée vers la vie.

Et c'est ainsi que tous les grands Mythes sont noirs et qu'on ne peut imaginer hors d'une atmosphère de carnage, de torture, de sang versé, toutes les magnifiques Fables qui racontent aux foules le premier partage sexuel et le premier carnage d'essences qui apparaissent dans la création.

Le théâtre, comme la peste, est à l'image de ce carnage, de cette essentielle séparation. Il dénoue des conflits, il dégage des forces, il déclenche des possibilités, et si ces possibilités et ces forces sont noires, c'est la faute non pas de la peste ou du théâtre, mais de la vie.

Nous ne voyons pas que la vie telle qu'elle est et telle qu'on nous l'a faite offre beaucoup de sujets d'exaltation. Il semble que par la peste et collectivement un gigantesque abcès, tant moral que social, se vide ; et de même que la peste, le théâtre est fait pour vider collectivement des abcès.

Il se peut que le poison du théâtre jeté dans le corps social le désagrège, comme dit saint Augustin, mais il le fait alors à la façon d'une peste, d'un fléau vengeur, d'une épidémie salvatrice dans laquelle les époques crédules ont voulu voir le doigt de Dieu et qui n'est pas autre chose que l'application d'une loi de nature où tout geste est compensé par un geste et toute action par sa réaction.

Le théâtre comme la peste est une crise qui se dénoue par la mort ou par la guérison. Et la peste est un mal supérieur parce qu'elle est une crise complète après laquelle il ne reste rien que la mort ou qu'une extrême purification. De même le théâtre est un mal parce qu'il est l'équilibre suprême qui ne s'acquiert pas sans destruction. Il invite l'esprit à un délire qui exalte ses énergies ; et l'on peut voir pour finir que du point de vue humain, l'action du théâtre comme celle de la peste, est bienfaisante, car poussant les hommes à se voir tels qu'ils sont, elle fait tomber le masque, elle découvre le mensonge, la veulerie, la bassesse, la tartuferie ; elle secoue l'inertie asphyxiante de la matière qui gagne jusqu'aux données les plus claires des sens ; et révélant à des collectivités leur puissance sombre, leur force cachée, elle les invite à prendre en face du destin une attitude héroïque et supérieure qu'elles n'auraient jamais eue sans cela.

Et la question qui se pose maintenant est de savoir si dans ce monde qui glisse, qui se suicide sans s'en apercevoir, il se trouvera un noyau d'hommes capables d'imposer cette notion supérieure du théâtre, qui nous rendra à tous l'équivalent naturel et magique des dogmes auxquels nous ne croyons plus.

Le Théâtre et son Double

HENRY DE MONTHERLANT

« Mon » théâtre

Auteur, entre autres pièces emblématiques, de La Reine morte *(créée en 1942),* Fils de personne *(créée en 1943) et* Malatesta *(créée en 1950), l'écrivain et dramaturge Henry de Montherlant (1896-1972) fut un styliste à la verve acérée qui n'a jamais été boudé par le succès.* Garder tout en composant tout *rassemble ses carnets posthumes, déchiffrés et réunis par son ami et exécuteur testamentaire Jean-Claude Barat.*

On m'a demandé plus d'une fois d'écrire sur « mon » théâtre, notamment de faire des préfaces aux éditions anglaise, italienne et espagnole de ce théâtre. Je n'ai pas fait ces préfaces, car, autant je suis abondant lorsqu'il s'agit de commenter une de mes pièces en particulier, autant je trouve peu à dire lorsqu'il s'agit de parler de ce théâtre dans son ensemble.

Mes pièces sont tantôt des pièces courtes, qui se passent dans le monde contemporain, tantôt des pièces plus amples, dont l'action est située dans le passé. Cette différence est superficielle, car le style d'écriture de toutes ces pièces est le même, et l'objet de toutes ces pièces est également le même : il s'agit de montrer des caractères humains, tels qu'ils sont (ou du moins tels qu'ils m'apparaissent) dans la vie, toujours en essayant de les comprendre, de sympathiser avec eux, de leur donner à chacun raison. Je ne défends nulle thèse dans mes pièces; je n'y porte en mon nom aucun jugement; je ne me mets dans aucun personnage, ou plutôt je me mets dans tous. Est-il besoin d'ajouter que – comme tout artiste qui se respecte – je ne me préoccupe nullement si mes personnages plaisent ou déplaisent (certains sont « plaisants », d'autres « déplaisants », comme sont les êtres dans la vie), ni si mes pièces plaisent ou déplaisent. Je me préoccupe à peine si celles-ci sont représentées ou non : qu'elles soient écrites suffit.

Une des notes qui suivent la pièce dans l'édition en volume de *Celles qu'on prend dans ses bras* est ainsi conçue : « Une pièce de théâtre ne m'intéresse que si l'action extérieure, réduite à la plus grande simplicité, n'y est qu'un prétexte à l'exploration de l'homme; si l'auteur s'y est donné pour tâche non d'imaginer et de construire mécaniquement une intrigue, mais d'exprimer avec le maximum de vérité, d'intensité et de profondeur un certain nombre de mouvements de l'âme humaine. » Voilà qui pourrait définir ce que j'ai cherché à mettre dans mon théâtre. Ou encore cette citation de Richard Wagner, qui lui a été appliquée par un critique : « *Le but de mon art est l'éternel humain, délivré de tout élément conventionnel.* »

Garder tout en composant tout

JEAN TARDIEU

Le Malade imaginaire avant toute chose

Poète et dramaturge proche des interrogations métaphysiques de Samuel Beckett et d'Eugène Ionesco, Jean Tardieu (1903-1995) travailla sur la comédie du langage, l'incommunicabilité des êtres, le désespoir et la dérision. Ses préoccupations concernant la création dramatique ont été regroupées dans L'Amateur de théâtre.

La première fois que l'on m'emmena, encore enfant, au théâtre, ce fut pour voir, au *Châtelet*, une adaptation du roman de Jules Verne : *Le Tour du monde en quatre-vingts jours.*

C'était vers 1911. J'avais donc sept ou huit ans. La représentation ne m'avait pas plu. J'ai le vague souvenir d'une salle trop grande, à la fois dorée et poussiéreuse. Les divers « tableaux » qui se succédaient et évoquaient de lointains pays étaient trop réalistes et, en même temps, sentaient trop le carton-pâte. Les comédiens jouaient très « en dehors », comme on croyait bon de le faire à cette époque. Cela me parut prétentieux et faux, surtout le célèbre comédien De Max dont la grandiloquence me parut odieuse.

Tout autre fut ma deuxième expérience théâtrale. Celle-là devait laisser dans ma mémoire une trace ineffaçable et qui, en un sens, allait marquer profondément mes goûts et mon esprit.

Ce fut peu de temps plus tard (sans doute l'année suivante), lorsque mon père m'emmena à la *Comédie-Française* voir *Le Malade imaginaire*. Là, résonna, pour la première fois, à mes oreilles, cette grande voix de Molière qui charriait un passé déjà considérable de fantasmagorie verbale, mais qui la renouvelait avec tant d'entrain et de jeunesse que les vérités de la vie se trouvaient traduites miraculeusement par le comble de l'artifice scénique et de la parodie.

Là, se rencontraient, fondus par un feu qui n'est pas encore refroidi, les métaux opposés du langage français, les raffinements d'une culture littéraire déjà presque parvenue à son apogée et, avec l'accent faubourien de Paris, l'inépuisable et inventive cocasserie du parler populaire.

Certes, le petit enfant que j'étais n'aurait pas été capable d'analyser ce phénomène linguistique. Cependant, sans que j'en eusse conscience, le fait me frappa, comme si j'accédais, par la magie du langage, à une plénitude de joie et de vie.

Cette forte impression était due en grande partie, il faut le dire, au talent des comédiens : à l'inverse de la troupe du *Châtelet*, ceux-ci jouaient juste, tout en transposant d'une manière savante, mais savoureuse, leurs effets comiques. Ils ne rataient pas le but. La jonglerie des voix et des gestes, dits « de composition », volait dans le même sens que la jonglerie du texte. Ils étaient dans la droite ligne du style moliéresque.

Ce qui me fit rire aux éclats, ce fut naturellement le rôle de Thomas Diafoirus. Chaque fois qu'apparaissait le grand niais ridicule, et lorsqu'il déployait ses compliments tarabiscotés ou bien, en désignant la fille, demandait à son père le pharmacien : « *Baiserai-je, papa ?* », j'étais au comble de l'hilarité. À mes côtés, mon père dont j'aimais l'intelligence et qui, souvent d'une humeur sombre et tendue, savait être jovial à ses heures, s'esclaffait, lui aussi, heureux de me voir rire.

C'est à la suite de cette inoubliable « matinée » du dimanche que, voyant mon goût pour le grand auteur comique, il m'acheta un *Molière* complet dans une édition classique et bon marché (quatre-vingt-dix centimes, je crois). Ces quatre volumes, combien de fois je les ai lus et relus ! Ils sont tout débrochés, abîmés, leur couverture jaune en loques, mais je les ai longtemps conservés dans un coin de ma bibliothèque.

L'Amateur de théâtre

EUGÈNE IONESCO

Les bases de la construction théâtrale

Anti-théâtre, théâtre de l'absurde ou de la dérision, drame onirique : marqué par sa dimension métaphysique, le théâtre d'Eugène Ionesco (1912-1994) s'est situé, dès sa première pièce La Cantatrice chauve, *à l'avant-garde de la scène théâtrale.* Notes et contre-notes *rassemble ses textes fondamentaux sur son propre théâtre et le théâtre contemporain.*

J'ai intitulé mes comédies « anti-pièces », « drames comiques », et mes drames « pseudo-drames », ou « farces tragiques », car, me semble-t-il, le comique est tragique, et la tragédie de l'homme, dérisoire. Pour l'esprit critique moderne, rien ne peut être pris tout à fait au sérieux, rien tout à fait à la légère. J'ai tenté, dans *Victimes du Devoir*, de noyer le comique dans le tragique; dans *les Chaises*, le tragique dans le comique ou, si l'on veut, d'opposer le comique au tragique pour les réunir dans une synthèse théâtrale nouvelle. Mais ce n'est pas une véritable synthèse, car ces deux éléments ne fondent pas l'un dans l'autre, ils coexistent, se repoussent l'un l'autre en permanence; se mettent en relief l'un par l'autre; se critiquent, se nient mutuellement, pouvant constituer ainsi, grâce à cette opposition, un équilibre dynamique, une tension. Ce sont, je crois, mes pièces : *Victimes du Devoir* et *Le Nouveau Locataire*, qui ont le mieux répondu à ce besoin.

De même, on peut opposer le prosaïque au poétique, et le quotidien à l'insolite. C'est ce que j'ai tenté de faire dans *Jacques ou la Soumission*, que j'ai intitulé aussi « Comédie naturaliste », parce qu'en partant d'un ton naturaliste j'ai essayé de dépasser le naturalisme.

De même, *Amédée ou comment s'en débarrasser*, dont l'action se passe dans l'appartement d'un ménage de petits bourgeois, est une pièce réaliste dans laquelle j'introduisais des éléments fantastiques, servant à la fois à détruire et à souligner par contraste, le « réalisme ».

Dans ma première pièce : *La Cantatrice chauve*, qui tentait d'être, au départ, une parodie du théâtre et, par là, une parodie d'un certain comportement humain, c'est en m'enfonçant dans le banal, en poussant à fond, jusque dans leurs dernières limites, les clichés les plus éculés du langage de tous les jours que j'ai essayé d'atteindre à l'expression de l'étrange où me semble baigner toute l'existence. Tragique et farce, prosaïsme et poétique, réalisme et fantastique, quotidien et insolite, voilà peut-être les principes contradictoires (il n'y a de théâtre que s'il y a des antagonismes) qui constituent les bases d'une construction théâtrale possible. De cette façon, peut-être, le non-naturel peut apparaître, dans sa violence, naturel, et le trop naturel apparaître non naturaliste.

Dois-je ajouter qu'un théâtre primitif n'est pas un théâtre primaire ; que refuser d'« arrondir les angles », c'est donner des contours nets, des formes plus puissantes, et qu'un théâtre utilisant des moyens simples n'est pas forcément un théâtre simpliste.

Si l'on pense que le théâtre n'est que théâtre de la parole, il est difficile d'admettre qu'il puisse avoir un langage autonome. Il ne peut être que tributaire des autres formes de pensée qui s'expriment par la parole, tributaire de la philosophie, de la morale. Les choses sont différentes si l'on considère que la parole ne constitue qu'un des éléments de choc du théâtre. D'abord le théâtre a une façon propre d'utiliser la parole, c'est le dialogue, c'est la parole de combat, de conflit. Si elle n'est que discussion chez certains auteurs, c'est une grande faute de leur part. Il existe d'autres moyens de théâtraliser la parole : en la portant à son paroxysme, pour donner au théâtre sa vraie mesure, qui est dans la démesure; le verbe lui-même doit être tendu jusqu'à ses limites ultimes, le langage doit presque exploser, ou se détruire, dans son impossibilité de contenir les significations.

Mais il n'y a pas que la parole : le théâtre est une histoire qui se vit, recommençant à chaque représentation, et c'est aussi une histoire que l'on voit vivre. Le théâtre est autant visuel qu'auditif. Il n'est pas une suite d'images, comme le cinéma, mais une construction, une architecture mouvante d'images scéniques.

Expérience du théâtre

repris in *Notes et contre-notes*

ALBERT CAMUS

Un monstre sacré : Madeleine Renaud

*Passionné par le théâtre, Albert Camus (1913-1960) fonda en 1935 la troupe Théâtre et travail, au sein de laquelle il fut acteur et metteur en scène, puis celle du Théâtre de l'Équipe en 1937. Il adapta pour la scène aussi bien Eschyle, Gide et Malraux que Faulkner (*Requiem pour une nonne*) et Dostoïevski (*Les Possédés*).*

Ce monstre est-il sacré ? Je ne sais. Mais je sais qu'il est tranquille et fait semblant d'être domestiqué. À ce jeu-là comme à d'autres, Madeleine Renaud est parfaite. Bien disante, elle persuade par ses silences. Dans un métier qui donne tout à l'apparence, elle économise ses gestes et, pourtant, on ne voit qu'elle. Elle donne la réplique, d'une flûte légère, à des hommes dont la voix est forte comme un tronc d'arbre, et, cependant, ce sont les virgules de son texte qu'on entend jusque dans les couloirs extérieurs. Elle a, sur scène, la réserve et la modestie qui parent toutes les jeunes filles du XVIIIe siècle, même celles de Sade, juste avant qu'on les instruise un peu à fond. Mais ce maintien tranquille dépayse le spectateur plus sûrement que le rugissement de nos grands fauves. C'est le mystère en pleine lumière dont parlait Barrès.

C'est pourquoi elle a raison de s'impatienter lorsqu'elle entend parler de son charme (exquise, ravissante, adorable...) ; ce sont les sorties du Marigny. Le charme est court et ce n'est pas vanité d'artiste si elle sent que la séduction qu'elle opère obtient du public un sentiment singulier, que j'ai reconnu dans tous les théâtres où jouait Madeleine Renaud, et qui est le respect. On ne respecte pas le charme quand il est seul. Madeleine Renaud séduit, il est vrai, mais consciemment, pour obtenir ce triomphe exceptionnel qui, sur scène, ne s'atteint que par des sûrs artifices, je veux dire le naturel. Un acte suffit. Elle entre et on sent une aise dans le public. Elle lui donne, à la seconde même de son entrée, un très simple et un très rare plaisir : le plaisir d'être. Dix minutes plus tard, elle sort au milieu du suspens des respirations. Dans le moment où la salle applaudit, les têtes se tournent l'une vers l'autre, et la vraie question qui est alors posée est celle-ci : Comment fait-elle ? Nous ne nous sommes aperçus de rien. Mais c'est que ce délicat prestidigitateur a lu Edgar Poe : pour bien cacher une lettre, il faut la laisser en évidence sur une table. Elle étale toutes ses cartes, sans avoir l'air d'y toucher, et l'on s'aperçoit, tout d'un coup, qu'il s'agit du grand jeu et du destin des reines. Ainsi, dans *Feu la mère de Madame*, où elle sortait douze fois d'un énorme lit, toujours en chemise, avec la gronderie et le débraillé d'une petite bonne femme, et sans jamais être vulgaire une seule seconde. Par sa grâce, le vaudeville ne se passait plus dans le lit, mais dans la ruelle. Il n'en était pas moins drôle, au contraire. Oui, une certaine perfection, souple et mesurée, ne se fait reconnaître qu'après coup. Ainsi de Madeleine Renaud, pour qui on a toujours deux admirations. L'une, que l'on réserve communément aux grandes artistes, et l'autre, qui est, si j'ose dire, l'admiration de l'escalier. On l'a vue pendant deux heures, et l'applaudissant de tout son cœur, on l'a finalement oubliée à force de ne regarder qu'elle. Au sortir du théâtre, dans la nuit fraîche qui tombe des marronniers, la lumière se fait. (Mais c'est admirable !) Et la gratitude, une seconde émotion, la tendresse enfin, vous viennent d'un coup pour un talent à ce point généreux qu'il s'est efforcé de ne rien vous imposer de lui-même, pendant tout le temps où, justement, il vous comblait.

Revue *Caliban* n° 24, février 1949,
cité in *Renaud Barrault*, catalogue de la
Bibliothèque nationale de France, 1999

ROLAND BARTHES

Histoire d'une révélation

Roland Barthes (1915-1980) n'a pas été indifférent au théâtre – il a fait partie de l'expérience collective du Groupe de théâtre antique de la Sorbonne et participé à la fondation de la revue Théâtre populaire –, *et encore moins à Bertolt Brecht, dont il écrit dans la revue* Esprit *du mois de mai 1965 : « Brecht m'a fait passer le goût de tout théâtre imparfait, et c'est, je crois, depuis ce moment-là que je ne vais plus au théâtre. »*

Le Berliner Ensemble est venu en France pour la première fois en 1954. Certains de ceux qui l'ont vu alors ont eu la révélation d'un système nouveau, qui périmait cruellement tout notre théâtre. Cette nouveauté n'avait rien de provocant et n'empruntait pas les manières habituelles de l'avant-garde. C'était ce que l'on pourrait appeler une révolution subtile.

Cette révolution venait de ce que le dramaturge (en l'occurrence Brecht lui-même) tenait pour parfaitement compatibles des valeurs que notre théâtre avait toujours répugné à réunir. Le théâtre brechtien, on le sait, est un théâtre *pensé*, une pratique élaborée à partir d'une théorie explicite, à la fois matérialiste et sémantique. Lorsqu'on a souhaité un théâtre politique éclairé par le marxisme et un art qui surveille rigoureusement ses signes, comment n'avoir pas été ébloui par le travail du

Berliner ? De plus, nouveau paradoxe, ce travail politique ne refusait pas la beauté ; le moindre bleu, la matière la plus discrète, une boucle de ceinturon, un haillon gris formaient en toute occasion un tableau qui ne copiait jamais la peinture et cependant n'eût pas été possible sans un goût très raffiné : ce théâtre qui se voulait engagé ne craignait pas d'être *distingué* (mot qu'il faudrait libérer de sa futilité ordinaire pour lui donner un sens proche de la « distanciation » brechtienne). L'ensemble de ces deux valeurs produisait ce que l'on peut considérer comme un phénomène inconnu de l'Occident (et peut-être précisément Brecht l'avait-il appris de l'Orient) : *un théâtre sans hystérie.*

Enfin, dernière saveur, ce théâtre intelligent, politique et d'une ascétique somptuosité, était aussi, conformément d'ailleurs à un précepte de Brecht, un théâtre plaisant : jamais une tirade, jamais un prêche, jamais, même, ce manichéisme édifiant qui oppose communément, dans tout art politique, les bons prolétaires et les mauvais bourgeois, mais toujours un argument inattendu, une critique sociale qui se mène hors de l'ennui des stéréotypes et mobilise le ressort le plus secret du plaisir, la subtilité. Un théâtre à la fois révolutionnaire, signifiant et voluptueux, qui pouvait dire mieux ?

Cette conjonction surprenante n'avait cependant rien de magique ; elle n'eût pas été possible sans une donnée matérielle, qui manquait – et qui manque encore – à notre théâtre. Pendant longtemps a régné chez nous, héritée d'une tradition spiritualiste que Copeau a très bien symbolisée, la conviction commode que l'on peut faire de l'excellent théâtre sans argent : la pauvreté des moyens devenait alors une valeur sublime, convertissait les acteurs en officiants. Or, le théâtre brechtien est un théâtre cher, par le soin inouï des mises en scène, par l'élaboration des costumes – dont le traitement réfléchi coûte infiniment plus que le haut luxe des scènes à grand spectacle –, par le nombre des répétitions, par la sécurité professionnelle des comédiens, si nécessaire à leur art. Ce théâtre à la fois populaire et raffiné est impossible dans une économie privée, où il ne pourrait être soutenu ni par le public bourgeois, qui fait l'argent, ni par le public petit-bourgeois, qui fait le nombre. Derrière la réussite du Berliner, derrière la perfection de son travail, chose que tout le monde pouvait constater, il fallait donc voir toute une économie, toute une politique.

Je ne sais ce qu'est devenu le Berliner depuis la mort de Brecht, mais je sais que le Berliner de 1954 m'a appris beaucoup de choses – et bien au-delà du théâtre.

« L'éblouissement » (1971),
in *Œuvres complètes (1966-1973)*, tome 2

nouvelle édition revue, corrigée et présentée
par Éric Marty,
Œuvres complètes III (1968-1971), 2002

LE THÉÂTRE ET SES BATAILLES

THÉOPHILE GAUTIER

Hernani soit qui mal y pense

Arborant un gilet rouge flamboyant coupé pour l'occasion, Théophile Gautier (1811-1872) fut, dès la première représentation de la pièce de Victor Hugo le 25 février 1830 à la Comédie-Française, l'ardent meneur des jeunes romantiques enrôlés par Gérard de Nerval contre les classiques. La « bataille d'Hernani » sonna l'arrivée fracassante du nouveau théâtre sur la scène française.

L'orchestre et le balcon étaient pavés de crânes académiques et classiques. Une rumeur d'orage grondait sourdement dans la salle; il était temps que la toile se levât; on en serait peut-être venu aux mains avant la pièce, tant l'animosité était grande de part et d'autre. Enfin les trois coups retentirent. Le rideau se replia lentement sur lui-même, et l'on vit, dans une chambre à coucher du seizième siècle, éclairée par une petite lampe, doña Josepha Duarte, vieille en noir, avec le corps de sa jupe cousu de jais, à la mode d'Isabelle la Catholique, écoutant les coups que doit frapper à la porte secrète un galant attendu par sa maîtresse :

> Serait-ce déjà lui ?... C'est bien l'escalier
> Dérobé.

La querelle était déjà engagée. Ce mot rejeté sans façon à l'autre vers, cet enjambement audacieux, impertinent même, semblait un spadassin de profession, un Saltabadil, un Scoronconcolo allant donner une pichenette sur le nez du classicisme pour le provoquer en duel. [...]

Il serait difficile de décrire, maintenant que les esprits sont habitués à regarder comme des morceaux pour ainsi dire classiques les nouveautés qui semblaient alors de pures barbaries, l'effet que produisaient sur l'auditoire ces vers si singuliers, si mâles, si forts, d'un tour si étrange, d'une allure si cornélienne et si shakespearienne à la fois. Nous allons cependant l'essayer. Il faut d'abord bien se figurer qu'à cette époque, en France, dans la poésie et même aussi dans la prose, l'horreur du mot propre était poussée à un degré inimaginable. Quoi qu'on fasse, on ne peut concevoir cette horreur qu'au point de vue historique, comme certains préjugés dont les motifs ou les prétextes ont disparu.

Quand on assiste aujourd'hui à une représentation d'*Hernani*, en suivant le jeu des acteurs sur un vieil exemplaire marqué de coups d'ongle à la marge pour désigner des endroits tumultueux, interrompus ou sifflés, d'où partent d'ordinaire maintenant les applaudissements comme des vols d'oiseaux avec de grands bruits d'ailes, et qui étaient jadis des champs de bataille piétinés, des redoutes prises et reprises, des embuscades où l'on s'attendait au détour d'une épithète, des relais de meutes pour sauter à la gorge d'une métaphore poursuivie, on éprouve une surprise indicible que les générations actuelles, débarrassées de ces niaiseries par nos vaillants efforts, ne comprendront jamais tout à fait. Comment s'imaginer qu'un vers comme celui-ci :

Est-il minuit ? – Minuit bientôt

ait soulevé des tempêtes, et qu'on se soit battu trois jours autour de cet hémistiche ? On le trouvait trivial, familier, inconvenant; un roi demande l'heure comme un bourgeois et on lui répond comme à un rustre : *minuit*. C'est bien fait. [...]

Malgré la terreur qu'inspirait la bande d'Hugo répandue par petites escouades et facilement reconnaissable à ses ajustements excentriques et à ses airs féroces, bourdonnait dans la salle cette sourde rumeur des foules agitées, qu'on ne comprime pas plus que celle de la mer. La passion qu'une salle contient se dégage toujours et se révèle par des signes irrécusables. Il suffisait de jeter les yeux sur ce public pour se convaincre qu'il ne s'agissait pas là d'une représentation ordinaire; que deux systèmes, deux armées, deux civilisations même – ce n'est pas trop dire – étaient en présence, se haïssant cordialement, comme on se hait dans les haines littéraires, ne demandant que la bataille, et prêts à fondre l'un sur l'autre. L'attitude générale était hostile, les coudes se faisaient anguleux, la querelle n'attendait pour jaillir que le moindre contact, et il n'était pas difficile de voir que ce jeune homme à longs cheveux trouvait ce monsieur à face bien rasée désastreusement crétin et ne lui cacherait pas longtemps cette opinion particulière.

Victor Hugo

VICTOR FOURNEL

Échauffourées à la Comédie-Française

Journaliste, critique littéraire à La Gazette de France, *Victor Fournel (1829-1894) s'est passionné pour l'histoire du vieux Paris, notamment sous ses aspects les plus populaires, et lui a consacré de nombreuses publications. Le théâtre, ses troupes querelleuses et son public batailleur ont ainsi toute leur place dans ses essais.*

Une autre querelle, qui faillit avoir, qui eut même les plus graves conséquences, ce fut celle qui divisa la Comédie-Française à propos de Talma, en 1790. Après l'éclatant succès par lequel il s'était révélé dans le *Charles IX*, de Joseph Chénier, le jeune tragédien pensa qu'on pouvait bien déroger en sa faveur à la sévérité des règlements et l'admettre aux premiers rôles; mais ceux-là mêmes qui avaient le plus vivement réclamé, à leurs débuts, contre les inflexibles droits d'ancienneté, maintenant qu'ils les avaient pour eux, tenaient à les garder, d'autant plus que leur jalousie s'alarmait des triomphes du nouveau venu. Talma avait pour lui Dugazon et madame Vestris, contre lui Dazincourt, Fleury, mesdemoiselles Raucourt et Contat. Les deux partis étaient en présence, quand une lettre écrite par Talma au journal les *Révolutions de France et de Brabant*, sur les dissensions intestines de la Comédie, fit éclater l'orage. Fleury proposa son expulsion, qui fut décidée aussitôt à la presque unanimité. Cet arrêté souleva une grande effervescence au dehors : l'Hôtel de Ville envoya l'ordre aux comédiens de révoquer leur sentence, mais ils refusèrent. Le peuple s'en mêla. Le 16 septembre 1790 la salle se trouve emplie jusqu'aux bords, et à peine la toile fut-elle levée qu'un cri formidable partit de toutes les poitrines : Talma ! Talma ! En vain Fleury en scène essaye de donner quelques explications, les cris redoublent de violence, surtout lorsque le fougueux Dugazon vient, sur le théâtre même, accuser toute la Comédie et prendre la défense de l'acteur expulsé. Ce fut une scène indescriptible, et, comme Talma ne paraissait point, en un clin d'œil les bancs sont brisés, on escalade la rampe, et Dieu sait ce qui se préparait sans l'arrivée fort opportune, mais un peu tardive, de la force armée !

Après de nouveaux pourparlers avec l'Hôtel de Ville, il fallut enfin accéder aux ordres les plus précis et les plus sévères. Talma rentra dans *Charles IX* ; mais Fleury avait blessé Dugazon en duel, et mesdemoiselles Contat et Raucourt avaient donné leur démission. [...]

Geoffroy, dont le caractère était loin de valoir le talent, avait la passion de s'immiscer dans les querelles de coulisse, et de prendre parti dans ces luttes compromettantes pour sa dignité littéraire. Presque toujours, en outre, il eut le malheur d'épouser les prétentions les moins justes et les plus insoutenables, et de les défendre d'une manière qui faisait suspecter son désintéressement. Ce fut encore ainsi qu'il se prononça pour mademoiselle Georges dans la fameuse lutte entre cette actrice et mademoiselle Duchesnois, qui transforma pendant trop longtemps le parterre du Théâtre-Français en une scène de pugilat.

Mademoiselle Duchesnois avait débuté en juillet 1802 avec un très grand succès, et dès le mois de novembre de la même année, malgré l'opposition jalouse de la plupart de ses camarades, elle avait été couronnée sur la scène même. Ce n'est qu'avec la plus grande peine qu'elle avait pu obtenir de débuter à la Comédie-Française. Modestement mise, elle allait tous les soirs dans les coulisses chercher quelque protection bienveillante, et n'y rencontrait que dédain et raillerie. À ses premières représentations, rappelée par le public, elle ne trouvait personne du théâtre pour lui donner la main. Florence seul eut d'abord ce courage, auquel il dut renoncer bientôt dans son propre intérêt.

Quelques jours après le couronnement de mademoiselle Duchesnois, mademoiselle Georges, élève de mademoiselle Raucourt et protégée de madame Louis Bonaparte (la reine Hortense), débutait par Clytemnestre. Douée d'une beauté magnifique et d'une grande intelligence, elle n'avait pas l'âme et la chaleur de la première; c'était une *reine* majestueuse, qui eût mieux fait de ne pas aborder l'emploi des princesses, où il faut plus de tendresse et d'expansion. Mais ses amis la poussèrent à se montrer dans les rôles de mademoiselle Duchesnois, et même dans celui de *Phèdre*, qui était le triomphe de celle-ci. Cette prétention de se poser en rivale d'une actrice qui, du premier coup, s'était placée au rang des plus grandes, souleva contre mademoiselle Georges les partisans de mademoiselle Duchesnois, et ils témoignèrent vivement et tumultueusement leur indignation. Le parterre du Théâtre-Français se divisa en deux camps bien tranchés, où il n'était pas permis de rester indifférent. Chacun tint à honneur d'applaudir frénétiquement chaque geste, chaque hémistiche de sa divinité, et de siffler à outrance chaque hémistiche et chaque geste de la divinité rivale. La violence même s'en mêla, dans les coulisses comme dans l'auditoire. Mademoiselle Raucourt, qui patronnait naturellement son élève, ayant été accueillie un jour par un sifflet, dans une représentation d'*Iphigénie en Aulide*, l'attribua à mademoiselle Duchesnois : « Elle voulut s'en venger à force ouverte, dit M. de Manne dans la *Nouvelle Biographie générale*, et il fallut arracher de ses mains Éryphile, qui n'était nullement de taille à lutter contre la colossale Clytemnestre. »

Curiosités théâtrales anciennes et modernes, françaises et étrangères

CHARLES DULLIN

La tumultueuse origine du Cartel

Acteur et metteur en scène, Charles Dullin (1885-1949) baptisa le théâtre Montmartre du nom de sa compagnie, l'Atelier, et lui associa une école. Composées tout au long de sa carrière, les pages rassemblées dans Ce sont les Dieux qu'il nous faut *rendent compte, à l'instar d'un journal, de ses expériences. Dans sa préface, Armand Salacrou écrivit : « On peut dire que, dans le théâtre contemporain, il y a ceux qui ont été les élèves de Charles Dullin, et il y a les autres ».*

En 1928 je créais à l'Atelier *Les Oiseaux* d'Aristophane, adaptée par Bernard Zimmer. Les spectateurs que j'avais déjà groupés en assez grand nombre se plaignaient amèrement des retardataires qui, dans ce petit théâtre qui n'avait pas les dégagements luxueux du Sarah Bernhardt, troublaient chaque soir le début des représentations. J'avais donc décidé de fermer les portes au lever du rideau et j'appliquai cette méthode, dès la générale des *Oiseaux*. Des critiques en retard restèrent à la porte où la consigne formelle était appliquée, comme de juste. Ce fut un des plus beaux charivaris qui puissent se produire dans un théâtre.

J'étais en scène en Pisétaire, dictateur des oiseaux, et le Corbeau, personnage de la pièce, faisait la liaison avec l'extérieur, c'est-à-dire que de temps en temps, derrière le trône du Pisétaire, il venait me dire : « Ils attaquent la loge de la concierge, ils veulent passer par la cour. » J'entendais des coups sourds frappés contre les portes de fer, et, à l'entracte, avec une solennité qui ne manquait pas d'un certain comique, le président de la critique, Ginisty, se leva et dit : « Un de nos plus éminents confrères est resté à la porte du théâtre pendant ce premier acte. J'invite tous mes confrères, ici présents, à ne pas rendre compte de cette pièce. » Les huées que je n'avais pas provoquées, puisque j'étais en scène, saluèrent cette apostrophe un peu maladroite, il faut bien le reconnaître.

La soirée se déroula dans l'atmosphère que vous pouvez imaginer. Le lendemain on ne parlait pas de la pièce, mais on parlait de l'incident avec tant de détails que le théâtre fut loué pour au moins quinze représentations. Emporté, évidemment, par un tempérament un peu batailleur, j'eus l'imprudence d'attaquer à mon tour en parlant chaque soir au public pour le prier d'être avec nous dans cette querelle puisque c'était en somme pour sa propre commodité que j'avais institué cette réforme. Les choses s'envenimaient et un beau jour on décida de supprimer l'annonce du spectacle dans les journaux et de ne plus prononcer même mon nom pour ne pas servir à la publicité de mon théâtre. C'était aller un peu fort. Je me défendis avec les armes que j'avais.

Tous les soirs on lançait, de la coupole du théâtre, des tracts sous forme d'oiseaux que le public se chargeait de répandre. Mon ami de Marmier, l'aviateur trop tôt disparu, lui aussi, me proposa d'en jeter sur Paris. Inutile de vous dire que je le pris au mot et la chose fut faite. Un paquet de ces tracts tomba malencontreusement sur une mosquée de la rue Saint-Jacques qui m'intenta un procès en violation de domicile. Mais malgré cet aspect pittoresque la situation n'en était pas moins grave pour moi. C'est alors que mes camarades du Cartel invitèrent les journaux à rétablir ma ligne ou à supprimer la leur, c'est-à-dire qu'à ce moment-là les journaux perdaient tout contact avec le mouvement dramatique qui s'imposait déjà sérieusement. Voilà l'origine du Cartel où, avec des tempéraments différents, nous devions donner l'exemple d'une solidarité qui ne s'est jamais démentie, aussi bien dans le succès que dans l'insuccès.

Ce sont les Dieux qu'il nous faut

TRISTAN TZARA

Première soirée officielle Dada du 14 juillet 1916

Fondateur du mouvement Dada à Zurich en 1916, Tristan Tzara (1896-1963), qui en signa le manifeste deux ans plus tard, a décrit la première manifestation dadaïste et ses heurts avec un public décidément peu réceptif à la contestation radicale de l'ordre existant représenté par la société et le langage.

Devant une foule compacte, Tzara manifeste, nous voulons nous voulons nous voulons pisser en couleurs diverses, Huelsenbeck manifeste, Ball manifeste, Arp Erklärung, Janco meine Bilder, Heusser eigene Kompositionen, les chiens hurlent et la dissection du Panama sur piano sur piano et embarcadère – Poème crié – on crie dans la salle, on se bat, premier rang approuve deuxième rang se déclare incompétent le reste crie, qui est plus fort on apporte la grosse caisse, Huelsenbeck contre 200, Ho osenlatz accentué par la très grosse caisse et les grelots au pied gauche – on proteste on crie on casse les vitres on se tue on démolit on se bat la police interruption.

Reprise du boxe : Danse cubiste costumes de Janco, chacun sa grosse caisse sur la tête, bruits, musique nègre/ Trabatgea bonooooooo oooooo/5 expériences littéraires : Tzara en frac explique devant le rideau, sec sobre pour les animaux, la nouvelle esthétique : poème gymnastique, concert de voyelles, poème bruitiste, poème statique arrangement chimique des notions, Biribum biribum saust der Ochs im Kreis herum [Huelsenbeck], poème de voyelles aaô, ieo, aïï, nouvelle interprétation la folie subjective des artères la danse du cœur sur les incendies et l'acrobatie des spectateurs. De nouveau cris, la grosse caisse, piano et canons impuissants, on se déchire les costumes de carton le public se jette dans la fièvre puerpérale interomprrrrre. Les journaux mécontents poème simultané à 4 voix + simultané à 300 idiotisés définitivs.

Chronique zurichoise 1915-1919
in *Dada est tatou. Tout est Dada.*

JEAN-PAUL SARTRE

Le Happening

*Tout aussi célèbre pour son premier roman (*La Nausée, *1938) que pour la réplique « L'enfer, c'est les autres » issue de sa première pièce (*Huis clos, *1944), Jean-Paul Sartre (1905-1980) s'est abondamment exprimé sur le théâtre. Ses textes, réflexions, commentaires, entretiens et conférences ont été rassemblés dans* Un théâtre de situations.

Le « happening », il y en a en France, en Angleterre, en Amérique, même au Japon – c'est très exactement un événement réel qui est produit. Il n'y a pas de scène, cela se produit dans une salle, au milieu de la salle, ou bien dans la rue, au bord de la mer : entre les spectateurs et ceux que nous appellerons non plus les acteurs, mais les agents, il n'y a qu'une différence provisoire, c'est-à-dire une différence de temps. Les agents font réellement quelque chose, peu importe quoi, mais quelque chose de provoquant, qui fasse qu'un événement réel se produise, n'importe quoi ! Il y a des spectacles qui spéculent sur l'attente, l'ennui, pour libérer des forces ; par exemple, un des plus classiques : un homme entre, c'est lui l'agent, on le regarde, on ne sait pas ce qu'il va faire, il s'assied sur une chaise, et il reste là, les bras croisés, pendant deux heures. Le fait est que l'ennui provoque à ce moment des réactions de violence chez les spectateurs qui vont même jusqu'aux sanglots. On peut aussi provoquer l'instinct sexuel; par exemple, à Paris, on a interdit un happening parce qu'il y avait sur scène une femme entièrement nue couverte de crème fouettée dont on pouvait lécher la crème. D'autres fois, on fait appel à l'instinct de mort et à la violence : j'ai vu un happening où on égorgeait des coqs et où on projetait le sang sur le public – l'intérêt n'étant jamais d'ailleurs dans ce fait-là qui, lui, est partiellement prévu, parce que pour égorger des coqs il faut évidemment les avoir achetés, mais ce qui arrive vraiment, c'est la réaction du spectateur. Le premier temps est presque toujours le scandale, puis vient la division : pour et contre, avec le cortège des violences; ensuite, dans certains cas, des sentiments plus profonds : la sexualité, ou la désinhibition sexuelle, le désir de mort, peu importe; et enfin, une organisation réelle en groupe de l'ensemble des spectateurs et des acteurs. Par exemple, à Paris, un happening s'est transformé, on ne sait pas pourquoi, en manifestation contre la guerre au Vietnam, alors que les gens n'étaient pas du tout venus pour manifester.

En tant que tel, le happening est une réalité, il existe, il donne lieu effectivement à un certain type de défoulement : donc nous pouvons le considérer comme un fait. Le problème c'est plutôt : que devient la représentation comme appel à la libre imagination du spectateur ? Cette mise en condition par quelque chose de plus ou moins cruel, est-ce que ce n'est pas le contraire du théâtre, ou plutôt n'est-ce pas le moment où le théâtre explose ? La plupart du temps, en effet, le happening est une exploitation habile de la cruauté dont parlait Artaud. En France, Lebel exerce un certain sadisme sur le public : ce dernier est abasourdi de lumières spasmodiques, de bruits insoutenables, aspergé d'objets divers qui sont en général salissants; il faut aller à ces happenings avec de vieux vêtements. En somme, le public du happening a réagi à la torture. Pouvons-nous dire qu'ici nous avons franchi les limites de ce que contient l'idée, l'essence du théâtre ?

Un théâtre de situations

JEAN-LOUIS BARRAULT

Le scandale des *Paravents*

Lorsque Roger Blin monta Les Paravents *de Jean Genet au Théâtre de l'Odéon avec Maria Casarès, Madeleine Renaud et Jean-Louis Barrault (à partir du 16 avril 1966), les partisans de « l'Algérie française » ne tardèrent pas à manifester leur désapprobation : slogans militaristes hurlés pendant la représentation, sauts de parachutistes sur scène et dans la salle, passages à tabac du public et des acteurs, projection d'objets sur les comédiens, lettres de menaces, alertes à la bombe... André Malraux fut obligé de défendre la pièce à la Chambre.*

Il n'advint aucun incident pendant dix ou onze représentations. Tout paraissait devoir bien se passer. À la douzième, ce fut une attaque-« surprise » bien orchestrée. Sauts de « paras » depuis le deuxième balcon ; bagarres, blessés, sang sur la scène, bombes fumigènes, rideau de fer. La fermeté, le calme, la conduite extraordinairement lucide de la majorité du public nous permirent de continuer et de terminer la représentation.

Cela se passait en avril 1966. Pendant la trentaine de représentations qui suivirent, presque chaque soirée se passa en bagarres. Le groupe « Occident » (extrême droite) organisait des défilés dans les rues. Il y avait des interpellations à l'Assemblée nationale. Malraux plaida pour nous courageusement. Le préfet de police, M. Papon, défendit la liberté du théâtre, même si les policiers qu'il envoyait pour protéger le public nous paraissaient – enfin... quelques-uns – avoir un « faible » pour les manifestants.

En septembre, je voulus refaire une série. Encore trente représentations. J'espérais que les esprits se seraient calmés. Cela recommença. Boules incendiaires, sacs de clous, volées d'ampoules électriques, jetées de plâtre, jetées de rats. Le public restait imperturbable.

Jamais nous ne fûmes obligés d'interrompre une représentation. Nous allâmes toujours jusqu'au bout. Grâce à la volonté des spectateurs. À cause des manifestants, les gens croient aujourd'hui que *Les Paravents* furent refusés par l'opinion. C'est le contraire. 90 % des spectateurs étaient pour nous, pour *Les Paravents* et la liberté d'expression. 10 % seulement faisaient tout pour créer un désordre tel que la police aurait été amenée à interdire les représentations.

Le gouvernement d'alors, celui de De Gaulle et de Malraux, démontra par sa fermeté que le théâtre, en démocratie française, n'était pas soumis à la censure. Retenons bien la date : 1966. [...]

Depuis, j'ai réfléchi à ce qui doit guider la conduite d'un directeur de théâtre national. Un théâtre national ne doit pas être le théâtre du gouvernement mais *le théâtre de la nation*. Sa production, sur le plan politique et social, doit refléter la composition politique et sociale de l'Assemblée nationale. [...]

Les théâtres nationaux qui se limitent à l'esprit du

gouvernement sont des théâtres d'État totalitaire, quelle que soit leur dénomination. Les théâtres nationaux qui ne seraient que d'opposition feraient de l'usurpation.

Souvenirs pour demain

HENRI BÉHAR

« Merdre », ça satrape ?

Universitaire, écrivain et historien de la littérature contemporaine, Henri Béhar est le fondateur du Centre de recherches sur le surréalisme. Dans son essai de référence Le théâtre dada et surréaliste, *il rappelle le scandale provoqué par la première représentation publique d'*Ubu roi *au Théâtre de l'Œuvre, et son influence non négligeable sur l'avant-garde théâtrale.*

Au théâtre, l'état de guerre ne fut pas instauré par le *Manifeste du surréalisme* de 1924, mais bien avant, essentiellement par Alfred Jarry. Il nous faut remonter à la mémorable représentation d'*Ubu Roi*, le 10 décembre 1896, pour en connaître les circonstances premières.

Ce jour-là, Alfred Jarry porta un coup terrible à la conception régnante du théâtre, par les moyens propres au théâtre. Le rideau s'ouvrit sur un décor effarant, dont on ne souligne pas assez la puissance de désorientation : « Un lit à rideaux jaunes avec son vase annexe, peints au bas d'un ciel bleu où tombait la neige, un gibet avec pendu équilibrant un palmier à boa, une fenêtre fleuronnée de hiboux et chauves-souris s'enlevant au-dessus de collines vaguement boisées et, sommant le tout, un soleil écarlate nimbant un éléphant ; au-dessous l'autel des intérieurs modernes, la cheminée avec sa pendule tenait lieu de centre et battait à deux portes jusqu'au ciel pour servir d'entrée aux personnages. » Puis ce fut l'historique premier mot, rendu sonore et vibrant par l'*r* supplémentaire, soigneusement articulé par Gémier. Lorsqu'il retentit, l'assistance, se sentant frappée en pleine poitrine, réagit unanimement. Les acteurs s'agitèrent en vain, le spectacle était l'assistance elle-même.

Il est désormais évident que Jarry avait minutieusement prémédité son affaire. Ubu n'était pas inconnu du public lettré, qui l'avait vu paraître en compagnie de ses palotins dans le *Mercure de France*, qui avait pu lire la pièce dans la revue de Paul Fort et enfin dans l'édition originale de juin 1896 dont plusieurs critiques avaient rendu compte. Mais ce succès d'estime ne convenait pas du tout à Jarry qui, pour arriver à l'éclat désiré, n'hésita pas à se faire employer comme secrétaire-factotum du Théâtre de l'Œuvre où, patiemment, il fit « avancer le pion Ubu », comme Lugné-Poe l'a reconnu par la suite. Le trait de génie propre à Jarry est bien de s'être obstiné afin d'obtenir une représentation théâtrale qui, seule, pouvait provoquer l'émoi des pharisiens, parce qu'il avait pensé son œuvre dans la forme dramatique. Car, ni le discours préalable de Jarry, ni la présentation de la pièce dans le programme, qui contenait pourtant le mot magique imprimé en italique, n'avaient provoqué le moindre début de réaction malveillante. Puissance du mot proféré en public ! À lui seul il symbolisait l'agression à laquelle l'auteur s'était livré consciencieusement. Il peut paraître surprenant que le public se soit ému d'un mot qui, en d'autres occasions et sans déformation ni adjonction, fit la fierté des Français. Public pudibond, dira-t-on ? Ce n'est pas évident, le même public applaudissant aux histoires boulevardières d'Augier et Dumas fils, qui mettent la morale bien plus à mal que ce mot. Les obscénités, les allusions scatologiques, la verdeur de langage ne sont, somme toute, pas tellement importantes, si ce n'est qu'elles vont à l'encontre des conventions établies sur la scène. Le public a protesté justement parce qu'on s'en prenait à ce qu'il a de plus cher, ses illusions.

Le théâtre dada et surréaliste

LE THÉÂTRE ET SON PUBLIC

HYPPOLITE CLAIRON

Il faut former le public

Après avoir débuté à l'âge de treize ans chez les Comédiens italiens, la tragédienne Hyppolite Clairon (1723-1803) fit son entrée en 1743 à la Comédie-Française dans le rôle de Phèdre. Elle donna une nouvelle impulsion à l'art de la déclamation et lutta, en pure perte, pour le droit des Comédiens à un statut civil et religieux. Jean Vilar lui rend ainsi hommage dans De la tradition théâtrale *: « Qui a mieux écrit sur notre métier que la belle Clairon ? Jouvet me dit un jour : "Ce n'est pas elle qui a rédigé ses Mémoires." Je persiste à croire qu'il faisait erreur. »*

La nécessité de m'accréditer me fit employer, dans le rôle de Phèdre, par lequel je débutai, les éclats, l'emportement, la déraison qu'on applaudissait à Paris, et que tant d'ignorans appellent la belle nature. J'étourdis bien mon auditoire ; je fus trouvée superbe. Le lendemain, je pris le rôle d'Agrippine, et le jouai pour moi, depuis le premier vers jusqu'au dernier.

Ce genre simple, posé, d'accord, étonna dans le premier moment ; un débit accéléré sur la fin de chaque couplet et des éclats gradués, étaient ordinairement la réplique du parterre : il savait que c'était là qu'il devait applaudir, et ne lui donnant pas cette réplique, je ne fus point applaudie. Maîtresse de moi-même, j'observais attentivement ses mouvemens, ses murmures ; j'entendis distinctement, au milieu de ma première scène : *Mais cela est beau ! cela est beau !* Le couplet suivant fut généralement applaudi, et je pus me flatter dans le reste du rôle du succès le plus complet.

Je donnai trente-deux représentations de rôles différens, toujours à ma nouvelle manière : Ariane fut de ce nombre ; et les auteurs de l'*Encyclopédie*, à l'article *Déclamation*, ont bien voulu transmettre à la postérité, le flatteur et touchant hommage qu'obtint la vérité que je cherchais. Cependant toujours craintive, doutant également et du public et de moi-même, je voulus rejouer Phèdre comme je l'avais jouée le premier jour, et je vis avec transport qu'on me trouvait très-mauvaise ; j'osai dire que c'était un essai que j'avais cru devoir faire et que je jouerais différemment ce même rôle, si l'on en permettait une troisième représentation ; je l'obtins. Je suivis mes études aussi complètement qu'il me fut possible, et l'on convint que cela ne se ressemblait pas.

Encouragée par les succès que je venais d'obtenir, je revins à Paris avec la ferme résolution ou de quitter le théâtre ou d'y voir approuver mes efforts ; et je ne me suis retirée que treize ans après.

J'invite toutes les personnes qui sont au théâtre, à réfléchir mûrement sur ma conduite : elles verront qu'il ne faut pas toujours s'estimer en raison des applaudissemens qu'on reçoit ; ils ne sont souvent que des marques de bonté, d'encouragement ; ils sont quelquefois une affaire d'habitude, de comparaison avec des acteurs plus médiocres ou moins favorisés par la nature ; il faut même oser avouer qu'ils sont aussi quelquefois prodigués par l'ignorance, entraînés par des partisans à gages, et qu'il est rare de trouver le public sans sa victime et son enfant gâté. Chaque jour un spectateur se retire; chaque jour il en vient un nouveau : on n'a presque plus rien du même auditoire au bout de dix ans. Les traditions se perdent; et faute de bons comédiens et de bons juges, le théâtre retombe dans la médiocrité de son enfance.

Instruisez-vous, cherchez constamment la vérité; à force de soin, d'étude, rendez-vous digne de former un nouveau public, et mettez-le dans la nécessité de convenir que vous professez le plus difficile de tous les arts, et non pas le plus avili des métiers.

Mémoires d'Hyppolite Clairon,
et réflexions sur l'art dramatique

DENIS DIDEROT

Pour le parterre

Tout à son admiration pour l'art dramatique, Denis Diderot n'a pas hésité à défendre le pittoresque du parterre. Si d'aucuns ont condamné les réactions bruyantes et outrées de ce public populaire, il les a considérées comme indissociables de l'expérience collective et, par là même, du plaisir théâtral.

Il y a quinze ans que nos théâtres étaient des lieux de tumulte [...]. Les têtes les plus froides s'échauffaient en y entrant, et les hommes sensés y partageaient plus ou moins le transport des fous. On entendait, d'un côté, *place aux dames*; d'un autre côté, *haut les bras, monsieur l'abbé*; ailleurs, *à bas le chapeau*; de tous côtés, *paix là, paix la cabale*. On s'agitait, on se remuait, on se poussait; l'âme était mise hors d'elle-même. Or, je ne connais pas de disposition plus favorable au poète. La pièce commençait avec peine, était souvent interrompue; mais survenait-il un bel endroit? c'était un fracas incroyable, les *bis* se redemandaient sans fin, on s'enthousiasmait de l'auteur, de l'acteur et de l'actrice. L'engouement passait du parterre à l'amphithéâtre, et de l'amphithéâtre aux loges. On était arrivé avec chaleur, on s'en retournait dans l'ivresse; les uns allaient chez des filles, les autres se répandaient dans le monde;

c'était comme un orage qui allait se dissiper au loin, et dont le murmure durait encore longtemps après qu'il était écarté. Voilà le plaisir. Aujourd'hui on arrive froids, on écoute froids, on sort froids, et je ne sais où l'on va.

Denis Diderot en 1761, cité par Adolphe Jullien
in *La comédie et la galanterie au* XVIIIᵉ *siècle : au théâtre, dans le monde, en prison*

PIERRE AUGUSTIN
CARON DE BEAUMARCHAIS

Qu'est-ce que le public ?

Pierre Augustin Caron de Beaumarchais (1732-1799) donna sept pièces à la Comédie-Française, parmi lesquelles Le Barbier de Séville *et* Le Mariage de Figaro, *qui figurent toujours au répertoire. En 1791, il rédigea une pétition à l'Assemblée nationale : « Contre l'usurpation des propriétés des Auteurs, par les Directeurs de Spectacle ».*

« Le public !... Qu'est-ce encore que le public ? Lorsque cet être collectif vient à se dissoudre, que les parties s'en dispersent, que reste-t-il pour fondement de l'opinion générale, sinon celle de chaque individu, dont les plus éclairés ont sur les autres une influence naturelle, qui les ramène tôt ou tard à leur avis ? D'où l'on voit que c'est au jugement du petit nombre, et non à celui de la multitude, qu'il faut s'en rapporter. »

C'est assez : osons répondre à ce torrent d'objections, que je n'ai affaiblies ni fardées en les rapportant. Commençons par nous rendre notre juge favorable, en défendant ses droits. Quoi qu'en disent les censeurs, le public assemblé n'en est pas moins le seul juge des ouvrages destinés à l'amuser ; tous lui sont également soumis ; et vouloir arrêter les efforts du génie dans la création d'un nouveau genre de spectacle, ou dans l'extension de ceux qu'il connaît déjà, est un attentat contre ses droits, une entreprise contre ses plaisirs. Je conviens qu'une vérité difficile sera plutôt rencontrée, mieux saisie, plus sainement jugée par un petit nombre de personnes éclairées, que par la multitude en rumeur, puisque sans cela cette vérité ne devrait pas être appelée difficile ; mais les objets de goût, de sentiment, de pur effet, en un mot de spectacle, n'étant jamais admis que sur la sensation puissante et subite qu'ils produisent dans tous les spectateurs, doivent-ils être jugés sur les mêmes règles ? Lorsqu'il est moins question de discuter et d'approfondir, que de sentir, de s'amuser ou d'être touché, n'est-il pas aussi hasardé de soutenir que le jugement du public ému est faux et mal porté, qu'il le serait de prétendre qu'un genre de spectacle dont toute une nation aurait été vivement affectée, et qui lui plairait généralement, n'aurait pas le degré de bonté convenable à cette nation ?

Œuvres complètes de Beaumarchais

LOUIS SÉBASTIEN MERCIER

Contre le parterre

Attiré par tous les genres littéraires, Louis Sébastien Mercier (1740-1814) écrivit aussi bien des drames et des romans que des pamphlets, des poésies, des libelles, des essais et des discours. Avec le manifeste Du théâtre, ou Nouvel essai sur l'art dramatique, *il scandalisa, par ses positions tranchées – pour ne citer que le rejet de la règle des unités de temps et de lieu, des vers et des sujets antiques –, une époque rétive à la réformation du théâtre.*

Il nous faudrait une salle de spectacle qui ne fût pas construite uniquement pour la commodité des riches, & où le bon bourgeois, le marchand, l'artisan, pussent amener leur famille à un prix modéré. Mais qu'arrive-t-il ? De dix parties faites d'aller à la Comédie, neuf viennent à manquer, parce que la difficulté d'avoir des places honnêtes, l'embarras, le tumulte, la gêne, font payer trop cher le plaisir que l'on se proposait d'avoir. Les comédiens y gagneraient, s'ils savaient contenter la bourgeoisie, cet ordre nombreux & qui paye : mais Mrs. les comédiens ont pour 200,000 livres de petites loges louées à l'année, & ils vous jettent les honnêtes gens qui n'ont pas six livres à donner, dans des coins éloignés, où l'on voit mal, où l'on entend à peine, où il sent mauvais. Quoi de plus indécent & de plus cruel que ce Parterre étroit, toujours tumultueux, où au moindre choc on tombe les uns sur les autres, & qui devient insupportable & très pernicieux à la santé pendant les chaleurs de l'été : des monopoles font augmenter le prix & le nombre des billets, desorte que les trois quarts du tems on y étouffe après avoir payé trois fois la valeur de la place. Il n'est pas rare de voir des gens qu'on en retire sans pouls & sans haleine. Comment ose-t-on parler de police au spectacle, quand de tels abus sont notoires. De-là le dégoût que presque tous les hommes faits ont conçu pour le théâtre. Si l'on y était assis commodément & à peu de frais, on préférerait sans doute le spectacle national à tout autre, on n'irait plus chez Audinot, chez Nicolet, & autres farceurs, chez lesquels on rit de pitié, il est vrai, mais où du moins l'on est assis à son aise pour son argent. [...]

Un Anglais voyageait pour connaître la forme des divers gouvernemens de l'Europe, il arrive à Paris & va droit à la Comédie Française : il voit six cens personnes debout, pressées *comme des harengs dans une tonne*, (dit le proverbe trivial & pittoresque,) qui étouffent & qui demandent par miséricorde un peu d'air. Un Fusilier fend la presse, avec grand effort, en arrache deux ou trois, & les conduit en prison pour toute réponse. Le pièce commence, le mot de *liberté* se trouve dans le quatrième vers; nos Français expirans de chaleur & de lassitude, trouvent des mains, (je ne sais comment) pour battre à toute outrance. L'Anglais, le soir même, écrivit à un de ses amis : *J'ai vu le spectacle à Paris, je connais la nation française, dès demain je pars.* »

Du théâtre, ou Nouvel essai sur l'art dramatique

ADOLPHE JULLIEN

Des spectateurs sur la scène

Historien et musicographe, Adolphe Jullien (1845-1932) commença sa carrière de critique musical en 1869 au Ménestrel *et contribua, entre autres, au* Journal des Débats, *à* La Chronique musicale, *au* Moniteur universel *et à* La Revue contemporaine. *Il a laissé une importante somme de feuilletons, d'articles et d'ouvrages consacrés aussi bien à l'opéra et aux compositeurs du* XIX*e siècle qu'aux costumes et aux théâtres de société royale.*

C'était en 1687 que les Comédiens français avaient reçu ordre du roi d'abandonner leur théâtre sis rue Mazarine, en face de la rue Guénégaud, sur les réclamations du collége Mazarin qui se trouvait gêné par leur voisinage bruyant et profane. Après de longues hésitations, ils avaient acquis, en mai 1688, le jeu de paume de l'Étoile, rue des Fossés-Saint-Germain-des-Prés, et deux maisons contiguës. Il les firent abattre et confièrent à François d'Orbay la construction d'une nouvelle salle, qui fut inaugurée, le lundi de la Quasimodo, 18 avril 1689, par *Phèdre* et *le Médecin malgré lui*.

Cette salle, où la Comédie devait rester plus d'un siècle, avait la forme d'une demi-ellipse, dont le diamètre en largeur était de treize pieds et demi. Les bancs pour les spectateurs réduisaient la largeur de la scène à quinze pieds sur le devant et à onze dans le fond. [...]

Là, l'étourderie, la fatuité, quelquefois l'ivresse des spectateurs, donnaient un surcroît de comédie au reste de la salle et détruisaient l'illusion théâtrale. Durant toute la soirée, le bruit ne cessait pas sur la scène, même au plus fort de l'action tragique. Riches financiers, sémillants petits-maîtres entraient et sortaient suivis de laquais en riches livrées, s'agitaient, babillaient, ricanaient tout à leur aise, tandis que les acteurs s'efforçaient de dominer le tapage par leurs cris et de ramener à eux l'attention de la foule égarée sur cette brillante assemblée.

« On ne savait quelquefois, dit Crébillon dans sa *Lettre sur les spectacles*, si le jeune seigneur qui allait prendre sa place n'était point l'amoureux de la pièce qui venait de jouer son rôle. C'est ce qui donna lieu à ce vers :

On attendait Pyrrhus : on vit paraître un fat !

Le comédien manquait toujours son entrée, il paraissait trop tôt ou trop tard ; sortant du milieu des spectateurs comme un revenant, il disparaissait de même, sans qu'on s'aperçût de sa sortie. Enfin, tous les grands mouvements de la tragédie ne pouvaient s'exécuter, et les coups de théâtre étaient toujours manqués. »

Les esprits éclairés déploraient cet abus, mais ils en étaient pour leurs conseils et leurs critiques. Les acteurs souffraient aussi de cet usage et se trouvaient souvent gênés par ces barrières et ces banquettes : ils auraient volontiers congédié ces voisins incommodes s'ils n'eussent retiré bon profit de cette location extraordinaire.

Il serait trop long d'énumérer en détail tous les inconvénients de cette incroyable coutume. Le rétrécissement du théâtre entravait singulièrement les jeux de la scène et nuisait à la chaleur de l'action. C'était parfois à ce point qu'à une représentation d'*Acajou*, de Favart, vers le milieu du siècle dernier, il ne put paraître qu'un seul acteur, et qu'à la représentation d'*Athalie* du 16 décembre 1739, il fut impossible d'achever la pièce à cause de la cohue. De là découlait la mesquinerie de la mise en scène, par l'impossibilité de meubler ou de décorer d'une façon convenable un endroit ainsi encombré de spectateurs ; de là encore l'invraisemblance des entrées, des sorties, des rencontres fortuites, etc.

La comédie et la galanterie au XVIIIe *siècle : au théâtre, dans le monde, en prison*

JACQUES CHARON

« Le public ne remarque rien »

Entré en 1941 à la Comédie-Française, nommé sociétaire en 1947, Jacques Charon (1920-1975) fut l'un des comédiens les plus irrésistibles de sa génération, excellant aussi bien dans les pièces de Molière que dans celles de Labiche, Feydeau ou Courteline. Dans Moi, un comédien, *il revisite avec truculence les plus belles heures de son expérience théâtrale.*

À la Comédie j'habitais alors en communauté, au sous-sol, dans la loge des figurants. Là, il m'est arrivé, certains soirs, alors que je venais en passant, d'être soudain empoigné par un habilleur, costumé, maquillé pendant que je remâchais les deux répliques d'une utilité, et lancé sur scène en catastrophe à la place d'un manquant. Et me voilà pataugeant au sein d'une mise en scène inconnue, cherchant mes places à tâtons dans un jeu de colin-maillard. Je me souviendrai toujours d'avoir été ainsi catapulté dans *La Nuit des rois*. La fantaisie débridée de ce Shakespeare n'arrangeait pas les choses ni le fait que l'action se passait dans la pénombre. Ç'a été mon combat de nègres dans un tunnel. Côté cour, j'entendais : « Psitt ! Sors maintenant, par ici, en dansant. » Et hop ! sitôt sorti, j'étais porté côté jardin pour une prochaine entrée, et zou ! : « À toi ! Va à côté de Renée (Faure), pirouette. Arrête-toi face au public. À présent, tends les bras, solidement. » Je tendais les bras comme un automate, Renée tombait dedans pâmée, en marmottant dans ma manche : « T'affole pas. Mets-toi à valser tout en m'emportant en coulisse. » En coulisse, j'étais débarrassé de Renée, orné d'une lanterne à la main, poussé en scène par le régisseur qui chuchotait : « Traverse tout le plateau lentement et sors de l'autre côté. » Par chance, avançant en aveugle j'entendis, derrière moi, chuchoter la suite : « Merde ! j'ai oublié de lui dire qu'il y a un trou au milieu de la scène ! »

Heureusement, il y a de bons souffleurs à la Comédie. Hélas, à moi, le meilleur souffleur ne sert à rien. Claude Delmon le dit : « M. Charon ne prend pas. J'enverrai une fois, deux fois, trois fois, de plus en plus fort ; tout le public entendra, M. Charon ne prendra pas. » Un grand traqueur ne prend pas ; s'il a un trou, il panique. Je panique. Il paraît que Claude voit mon œil devenir tout rond et il sait qu'en même temps, mes oreilles se ferment. Il faut que je me rattrape seul. J'énerve Claude. Et qu'il s'énerve m'énerve. Le souffleur dans son trou est le souffre-douleur le plus intime du comédien. Souffleur est un métier pénible. Claude Delmon dit que c'est aussi un métier de sympathie. Et c'est vrai. Si un courant de sympathie ne passe pas entre le souffleur et le comédien, le souffleur aura beau envoyer le texte, le comédien ne prendra pas. Le contact doit être physique pendant tout le temps de la représentation. Si un mauvais souffleur « décroche », si, par exemple, il pose sa brochure pour boire une bière, le lien se rompt. À ce moment précis, l'acteur nerveux aura un trou ; il aura perçu que le souffleur n'était plus avec lui, même s'il lui tourne le dos. Le soir d'une générale, ou s'il a de grands traqueurs en scène, un souffleur a le trac aussi. Je donne des boutons à Claude ! Mais certains camarades, Dieu merci, lui donnent de la satisfaction. Avec Louis Seigner par exemple, un souffleur se sent utile. Que faut-il à Gros-Loulou pour jouer merveilleusement, détendu comme un pape ? Un bon bifteck arrosé de bon vin rouge avant d'entrer en scène et, sur scène, un bon souffleur dans le trou. S'il n'a pas saisi le premier envoi il s'arrête, regarde le trou, attend pacifiquement le second envoi.

Le public ne remarque rien. D'un comédien chevronné qui ne panique pas, le public avale tout. Pris par l'ensemble du spectacle, le public n'entend pas le mot à mot. Un pataquès ou une plaisanterie enlevée dans le rythme passe comme une fleur. Les grands excentriques du passé se permettaient beaucoup de fantaisie :

Ah ! ce serait un crime
Que d'arracher la fleur en tombant dans l'abîme !
Va – je vais prendre un coup de froid – c'est assez !
Renoue à d'autres jours tes jours par moi froissés.
Fermez donc la verrière ! – C'est moi qui te délie. Etc.

La grosse blague lyrique. Les comédiens d'aujourd'hui sont plus sérieux. Ils n'accommodent leur texte qu'en cas de panne. Escande reprisait ses trous à merveille. Il n'a jamais eu besoin d'un souffleur. Manquant soudain de mots, il tournait le dos au public et remontait vers le fond en coulant des onomatopées dans le rythme, « Baladi panada rira duti blama ah ! » Tout ça se perdait dans de beaux effets de manchettes, et il enchaînait quand le texte lui revenait. Il disait ensuite en riant : « Je suis si beau qu'on me regarde, on ne m'écoute pas. »

Ce phénomène-là est bien vrai. La beauté d'un acteur est d'une injustice impeccable : il peut toujours compter dessus.

Moi, un comédien

DARIO FO

« Concerto pour toussotements et papiers froissés »

Si Le gai savoir de l'acteur *fait avant tout état des réflexions de Dario Fo sur l'art du comédien, le metteur en scène italien n'omet pas d'y critiquer le public, trop souvent dissipé à son goût. Car si l'ennui de la salle peut être provoqué par la mollesse de la scène, le public sait aussi se faire remarquer sans raison particulière.*

Dans le théâtre sérieux, n'allez pas croire que la réaction du public ne soit pas perceptible. D'abord il y a le silence, et le moindre murmure ou frisson fait comprendre si on est ou non dans le droit chemin. Les sièges qui grincent ou les pas de ceux qui s'en vont sont un signal infaillible. De mauvais esprits prétendent qu'on a introduit moquette et velours pour éviter aux acteurs la honte de s'apercevoir que le public s'ennuie. Autre signal, la toux... pire que les sifflets et bruits de bouche divers. Quand le public commence à tousser, on peut déclarer forfait et renoncer à jouer. Des gens qui n'ont jamais eu un rhume de leur vie, dès qu'ils arrivent au théâtre, ont des accès de toux et des chats dans la gorge. Il y a aussi les papiers de bonbons : quand on s'ennuie, on fouille dans ses poches ou dans son sac, et on retrouve toujours le bonbon datant de 1932 qu'on se met à dépiauter, cric, cric, crac, en faisant un bruit tel qu'on le croirait enveloppé dans de la tôle.

Le gai savoir de l'acteur,
traduit de l'italien par Valeria Tasca

« Le goût de... »

Le goût de l'Abyssinie
Le goût de l'Afghanistan
Le goût d'Alexandrie
Le goût d'Alger
Le goût d'Amsterdam
Le goût d'Antibes
Le goût d'Athènes
Le goût de Bali
Le goût de Barcelone
Le goût de Belgrade
Le goût de Berlin
Le goût de Beyrouth
Le goût de la Birmanie
Le goût de Bordeaux
Le goût de Bruxelles
Le goût de Budapest
Le goût de Buenos Aires
Le goût de Cannes
Le goût de Capri et autres îles italiennes
Le goût de la Chine
Le goût de la Corse
Le goût de la Croatie
Le goût de Cuba
Le goût de Dublin
Le goût de l'Égypte
Le goût de l'Engadine
Le goût de Florence
Le goût de Genève
Le goût de la Guadeloupe
Le goût de la Haute-Provence
Le goût de l'Inde
Le goût des villes de l'Inde
Le goût d'Istanbul
Le goût de Jérusalem
Le goût de Lille
Le goût de Lisbonne

Le goût de la Loire
Le goût de Londres
Le goût de Los Angeles
Le goût de Lyon
Le goût de Madrid
Le goût de Marrakech
Le goût de Marseille
Le goût de la Martinique
Le goût de Mexico
Le goût du mont Blanc
Le goût de Montréal
Le goût du Mont-Saint-Michel
Le goût de Moscou
Le goût de Nancy
Le goût de Naples
Le goût du Népal
Le goût de Nice
Le goût d'Odessa
Le goût de Palerme
Le goût de Paris
(3 volumes : 1. Le mythe ; 2. L'espace ; 3. Le temps)
Le goût de Pékin
Le goût du Périgord
Le goût de Prague
Le goût du Rhin
Le goût de Rio
Le goût de Rome
Le goût de Saint-Jacques-de-Compostelle
Le goût de Saint-Pétersbourg
Le goût de Salzbourg
Le goût du Sénégal
Le goût de Séville
Le goût de Shanghai
Le goût de Strasbourg
Le goût de Tanger
Le goût du Tibet
Le goût de Tokyo
Le goût de Toulouse

Le goût de Trieste
Le goût de Tunis
Le goût de Turin
Le goût de Venise
Le goût du Vietnam
Le goût de Vienne

Le chant des villes
Le (dé)goût de la laideur
Le goût de l'amour
Le goût du café
Le goût des chats
Le goût des chiens
Le goût du chocolat
Le goût du cinéma
Le goût de la danse
Le goût des déserts
Le goût du football
Le goût des jardins
Le goût du jazz
Le goût de la marche
Le goût de la mer
Le goût des parfums
Le goût de la pêche
Le goût de la révolte
Le goût de la rose
Le goût du rugby
Le goût du sexe
Le goût du thé
Le goût du voyage

Réalisation Pao : Dominique Guillaumin

Achevé d'imprimer
par CPI Hérissey
à Évreux (27000)
en juin 2010.
Imprimé en France.

Premier dépôt légal : mars 2009
Dépôt légal : juin 2010
N° d'imprimeur : 114396

178024